Eine kulinarische
Entdeckungsreise

Magdalena Ringeling • André Chales de Beaulieu

Eine kulinarische
Entdeckungsreise

DURCH MÜNSTERLAND UND OSNABRÜCKER LAND
MIT EMSLAND UND GRAFSCHAFT BENTHEIM

UMSCHAU

INHALT

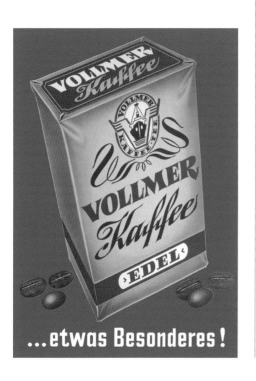

Münsterland
Osnabrücker Land
Emsland
Grafschaft Bentheim

Emmen

138
Haren 142
Meppen–
Hüntel 148
Meppen
144 146

31
Geeste

Coevorden

Twist
162
Ringe
180
Emlichheim
Osterwald

Hardenberg

Uelsen Neuenhaus Wietmarschen

Lingen
164

182

Denekamp

Almelo

Nordhorn

Emsbüren
172 174

Grafschaft

Oldenzaal

Schüttorf
186 188

Bentheim

30

Hengelo
Enschede

Bad Bentheim

Gronau
Wasserturm
66

Neuenkirchen

Ochtrup

Haaksbergen

Eibergen

31 Metelen

Ahaus

Steinfurt
50
52
56

Winterswijk

Vreden

Heek

Stadtlohn

Legden

Laer
46

Rosendahl

Schloss Darfeld

Billerbeck
42

Bocholt
34 33

Gescher

Borken

Münster

Deutschland

Vechte

Grenze zu Niederlande

Niederlande

Ems

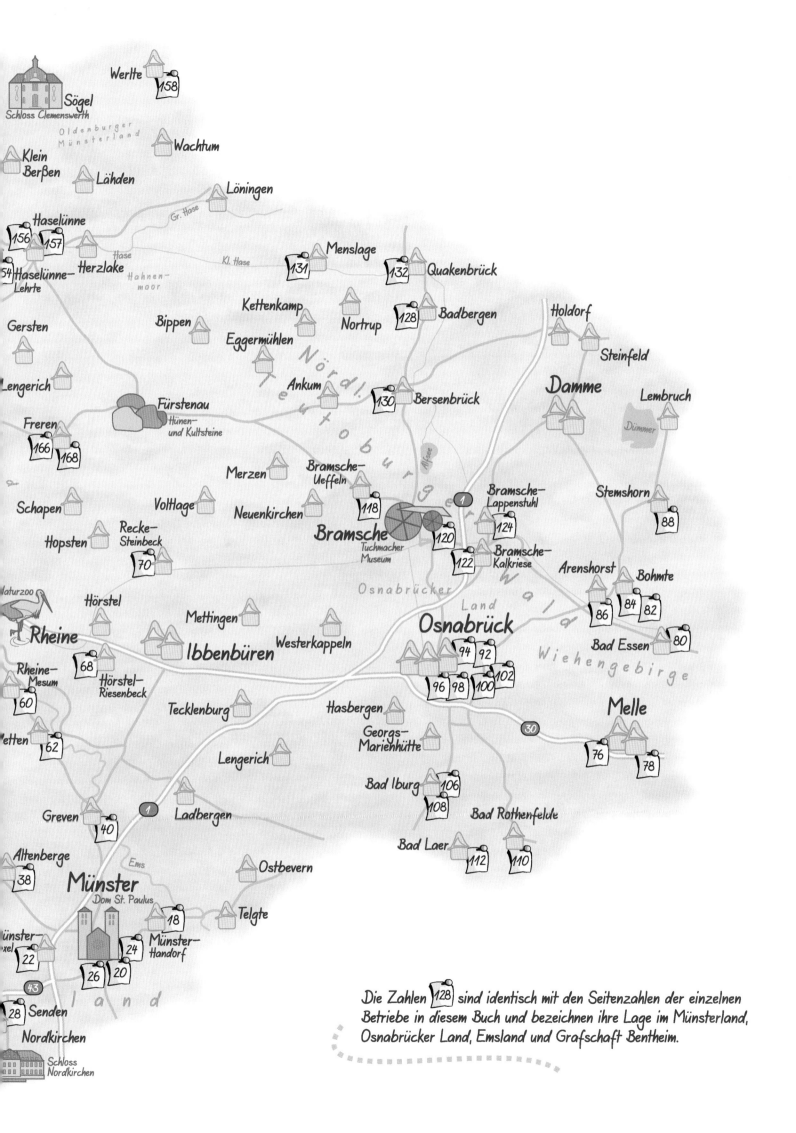

Schloss Clemenswerth
Sögel

Werlte
158

Oldenburger
Münsterland

Wachtum

Klein
Berßen

Lähden

Löningen

Gr. Hase

Haselünne
156   157

Hase

Kl. Hase

Menslage
131

132   Quakenbrück

Herzlake

Hahnen-
moor

54 Haselünne-
Lehrte

Kettenkamp

Nortrup

Badbergen
128

Holdorf

Gersten

Bippen

Eggermühlen

Steinfeld

Damme

Lengerich

Fürstenau

Ankum

Bersenbrück
130

Lembruch

Freren
166   168

Hünen-
und Kultsteine

Merzen

Bramsche-
Ueffeln

Dümmer

Schapen

Volltage

Neuenkirchen

118

Allsee

1

Bramsche-
Lappenstuhl

Stemshorn
88

Hopsten

Recke-
Steinbeck
70

Bramsche

124

Naturzoo

Hörstel

Tuchmacher
Museum

120

122

Bramsche-
Kalkriese

Arenshorst

Bohmte

86   84   82

Rheine

Mettingen

Ibbenbüren

Westerkappeln

Osnabrücker

Land

Wald

Bad Essen
80

Rheine-
Mesum
68

Hörstel-
Riesenbeck

Osnabrück

94 92

Wiehengebirge

60

Tecklenburg

Hasbergen

96 98 100 102

etten   62

Lengerich

Georgs-
Mariehütte

30

Melle

76   78

Greven

1

Ladbergen

Bad Iburg   106

40

108

Bad Rothenfelde

Altenberge
38

Ems

Ostbevern

Bad Laer

112   110

Münster
Dom St. Paulus

Telgte

18

ünster-
xel

Münster-
Handorf

22   24

43

26   20

l a n d

28 Senden

Nordkirchen

Schloss
Nordkirchen

Die Zahlen 128 sind identisch mit den Seitenzahlen der einzelnen
Betriebe in diesem Buch und bezeichnen ihre Lage im Münsterland,
Osnabrücker Land, Emsland und Grafschaft Bentheim.

VORWORT

Abwechslungsreiche Landschaften, architektonische Glanzlichter
in Städten und Gemeinden sowie romantische Winkel begegnen uns
im südwestlichen Niedersachsen und nördlichen Nordrhein-Westfalen. Im niedersächsischen Osnabrücker Land, im Emsland und
in der Grafschaft Bentheim sowie im westfälischen Münsterland
finden Radfahrer, Wanderer, Pferdefreunde und Wassersportler beste
Bedingungen vor. Gleichzeitig gibt es hervorragende Golfanlagen,
Trendsport-Angebote und Ballonfahrten sowie Wellness-Oasen.
Jagd- und Wildfreunde können vor allem im Teutoburger Wald „auf
die Pirsch gehen", unsere Vorschläge ziehen sich jedoch durch alle
Gebiete. Trotz der Parallelen haben unsere vier „Ferienländer" ihren
individuellen Reiz, bedingt durch das Brauchtum, die Kultur und
die unterschiedlich gestalteten Bauten und Landschaften.

Historische Ortskerne mit Fachwerkhäusern, Sandsteinbauten oder
prächtige Gehöfte und barocke Schlösser begeistern. Flussadern
mit stillen Auen, dichter Wald, mystische Moore und fruchtbare
Wiesen und Felder liegen am Wegesrand. Die einst blühende Textilindustrie ist vielfach noch präsent. Spitzenhotels und -restaurants,
kleinere gastronomische Betriebe mit hervorragender Küche und
bestem Service sowie Bauerncafés, Hofläden und innovative Betriebe haben wir für Sie ausgesucht.
Viele Restaurants haben spezielle Karten mit regionalen Spezialitäten, die sich großer Beliebtheit erfreuen. Überraschende Kompositionen mit altbekannten Zutaten entstehen dabei. Allgemein wird der
leichten Küche der Vorzug gegeben und Regionales wird gern mit
Mediterranem gemixt. Vom Spargel über Grünkohl, Fisch, Fleisch
sowie Wild erfreuen die Köche alle Genießer, zu moderaten Preisen.
Unsere Streckenvorschläge führen durch herrliche Naturland-
schaften und interessante Städte, kulinarische Tipps inbegriffen.

Von der Grafschaft Bentheim ausgehend, können Sie sternförmig alle Gebiete gut erreichen. Die Baumwipfel der alten Bäume im einst fürstlichen Forst überdachen die schönen Wanderwege des Bentheimer Waldes, der auch von Jagdfreunden gern besucht wird. Ruhe vermitteln die grünen Vechteauen und urbanen Moorlandschaften. Dazwischen strahlen denkmalgeschützte Häuser und alte Mühlen in frischem Glanz. Unvergessliche Eindrücke vermitteln das Middehornblasen mit Holzinstrumenten und zahlreiche Skulpturen inmitten der Natur. Nett ist ein Besuch im Moor- oder Schinkenmuseum. Traditionell und dennoch erfrischend neu sind die Köstlichkeiten, die „unsere" Grafschafter zaubern. Das Bentheimer Schwein, Wildvariationen oder leichte Salate und Soßen mit einem Schuss Exotik wecken mehr als einmal den Appetit.

Sanfte Hügel und saftige Ebenen erstrecken sich, eingerahmt vom herrlichen Mischwald des Wiehengebirges und Teutoburger Waldes im Osnabrücker Land. Idyllisch sind der Dümmer See und die gemächlich fließende Hase oder der schön gelegene Alfsee. Hier ergänzen sich das Natur- und Wassersporterlebnis. Der Waldreichtum entzückt Fußgänger und Radler, die auch auf Fernwander-

wegen, wie dem Hermannsweg oder Friesenweg, ihrem Hobby frönen können. Schlösser, Burgen und Klöster blicken neugierig in die Landschaft. Die internationale Gartenschau auf Schloss Ippenburg oder hochkarätige Pferdeturniere verleihen ihr Glanz. Archäologische Funde rund um die legendäre Varusschlacht, Sauriertrittspuren oder Tuchmachermuseum, hier ist die Geschichte lebendig. Stolze Hofanlagen und Bürgerhäuser, besonders prächtig in Quakenbrück und Bersenbrück, zieren das Artland. Im Heilbädergarten am „Teuto" gibt's neben gesunder Luft Schlossfeste, wilde Orchideen und Rosenteppiche. Beim Essen kann man sich mit Kartoffelpickert, Sülze oder Schnippelbohneneintopf anfreunden. Doch auch Kalbsbrustspitzen, Kohlwurst, Dümmer Moorschnucke oder Wild-Carpaccio sind vorzüglich.

Im Emsland könnte man angesichts der glitzernden Flüsse und Seen mit Kanuten, Seglern oder Ausflugsbooten zur Wasserratte werden. Blühende Heide neben Wacholderbüschen und teils renaturierte Moore liegen vor uns. Schifffahrtsmuseen zum Anfassen, imposante Großsteingräber, Schlösser, historische Rats- und Bürgerhäuser, was will man mehr? Alte Parks sowie Bauerngärten

werden liebevoll gepflegt. Beim historischen Spectakulum des „Kivelingfestes" ist das Brauchtum noch heute lebendig. Fische und Krabben, vorzügliche Spargelgerichte, Fleisch vom Bentheimer Schwein oder Schaf sind hier immer eine Sünde wert. Die Parklandschaft des Münsterlandes, mit ihren großen Grünflächen, Wallhecken und Bäumen ist unverwechselbar. Barocke Gärten und Gräften heben die Schönheit der Schlösser und Burgen hervor. Alte Gutshöfe inmitten gelber Rapsfelder oder wogender Ähren, naturnahe und gestaltete Flächen bilden ein reichhaltiges Muster. Die Baumberge und die Ausläufer des Teutoburger Waldes sind die einzigen Erhöhungen. Die Ebene ist stets bevölkert von Leezen – Fahrrädern –, denn die Münster-

länder haben sie zu ihrem Lieblingsbegleiter gemacht. Rund 4500 Kilometer Radwege bieten für jeden Geschmack etwas. Schlösser-, Sandstein-, Römer-Route oder EmsAuenWeg sind nur einige Touren. Pferdefreunde werden die Turniere und Hengstparaden sowie das Wildpferdegehege Dülmen einplanen. Musik- und Kunstevents, oft in alten Gemäuern, begeistern und die internationale Skulptur-Biennale ist einer der Höhepunkte. Schlemmen können Sie echt westfälisch mit Potthas und Panhas, Buchweizenpfannkuchen zum Pumpernickel, Knochenschinken und zünftigem Bier, dazu einem edlen Brand. Ausgefallener sind Lammrücken unter Bärlauchkruste oder Rote Bete-Schaum, aus der erlesenen regionalen Küche.

Phantasievoll wie die Schlemmereien sind auch die Ideen der Gastgeber, die Veranstaltungen mit Essen und Musik, Kunst oder Theater verbinden. Programmideen mit Kindern oder ohne sowie organisierte Ausflüge gehören bei vielen Hotels zum Standardprogramm. Wir wünschen Ihnen eine vergnügliche Reise und kulinarische Freuden bei der Reise durch Münsterland, Osnabrücker Land, Emsland und die Grafschaft Bentheim.

MÜNSTERLAND
MÜNSTER – KULTUR- UND FRIEDENSSTADT
SOWIE RADFAHR-NATUR-PARADIES

Münster

Eine Stadt in Bewegung: Für die westfälische Metropole Münster trifft diese Aussage im doppelten Wortsinn zu. Die bewegte Geschichte als Friedensstadt wird durch Ausstellungen und Wander- sowie Radrouten auf den Spuren der Friedensreiter lebendig gehalten, Künstler sind gern gesehene Gäste und Pedalritter finden paradiesische Verhältnisse vor.

Zum ersten Mal in der europäischen Geschichte wurde im Oktober 1648 ein Friede auf dem Verhandlungsweg geschlossen, in Münster und Osnabrück. Als Westfälischer Friede ging er in die Geschichte ein.

Bald nähert sich der 360. Gedenktag und man darf gespannt sein auf die kommenden Aktivitäten.

Einen schöneren Amtssitz hätten sich die Bischöfe kaum aussuchen können, denn Münster ist reich an historischen Gebäuden und mit einer üppigen Vegetation gesegnet, die auch die Stadtmitte schmückt. In der Altstadt mit ihren Prachtbauten und neuen Läden lässt sich gut bummeln und zahlreiche Restaurants sowie Cafés locken mit Freiluftplätzen. Bedeutende Schauplätze wie der Friedenssaal oder die Kirche St. Lamberti am

wunderschönen Prinzipalmarkt sowie der imposante St. Paulus-Dom sind absolut sehenswert. Mit wunderbaren Barockbauten setzte sich Baumeister Johann Conrad Schlaun im ganzen Münsterland Denkmäler. Die sechseckige Clemenskirche und der Erbdrostenhof, ein dreiflügliger Adelshof, in dem heute konzertiert wird, sind Münsteraner Zeugen seiner Schaffenskraft. Das Pablo Picasso Graphikmuseum und die Stadtbücherei als moderne Kontraste erregen ebenfalls Aufsehen. Mehrere internationale Skulpturenausstellungen hat Münster bereits ausgerichtet,

St.-Paulus-Dom in Münster

die Spuren hinterließen wie ausgefallene Kunstobjekte auf Plätzen und in Parks. Vielfältige kulturelle Ereignisse – nicht alle jährlich – reizen zum Wiederkommen. Das Internationale JazzFestival, „Schauraum", ein Fest der Museen und Galerien oder das Eurocityfest mit Live-Bands sind Höhepunkte, die man nicht so schnell vergisst. Vor dem Stadtschloss, das einst als fürstbischöfliche Residenz diente, findet jährlich das „Turnier der Sieger" statt, an dem internationale Dressur- und Springreitgrößen teilnehmen.

Im Allwetterzoo mit Westfälischem Pferde-

museum oder im Freilichtmuseum Mühlenhof vergehen die Stunden im Nu und vor allem abends ist es urig am „Kreativkai" im Hafengebiet. Kultureinrichtungen, Clubs, Kreativanbieter und eine gute Szene-Gastronomie sitzen hier gewissermaßen in einem Boot. Schlemmen und Ausgehen in urigen Bierlokalen oder in gediegenen Restaurants, Münster bietet Vielfalt. Eintauchen in die Natur, wer träumt nicht ab und an davon? Am herrlichen Aasee, an der idyllischen Werse in Handorf oder im historischen Ortskern Roxels ist die Erholung sicher und die

gehobene Küche in wunderschönem Ambiente ist hier ebenfalls vertreten. Dem Reiz des Münsterlandes kann man sich nur schwer entziehen, denn die typische Parklandschaft mit gepflegten Rasenflächen, Hecken, Bäumen und natürlichen Auen ist ein Refugium mit Seltenheitswert. Entlang dieses „grünen Bandes" sind Radfahrer, Wanderer und Reiter gern unterwegs. Einheitlich ausgeschilderte Radwege erstrecken sich über 4500 Kilometer und verschiedene Themenrouten erleichtern die Streckenwahl.

MÜNSTERLAND

Rüschhaus

Wenn Sie beide Friedensstädte kennen lernen wollen, empfiehlt sich die Friedensroute, die symbolisch den Weg der Kuriere verfolgt. Wer gut trainiert ist, schafft die 115 Kilometer zwischen Münster und Osnabrück an einem Tag, er muss nur der Friedenreiterfigur folgen. „Eile mit Weile" allerdings hat den Vorteil, dass man beim Start ab Münster zunächst das Vogelschutz-Europareservat Rieselfelder erkunden kann, dann das Heidedorf Ladbergen. Hier wurden früher die Pferde gewechselt und eine Zwischenmahlzeit eingelegt.

Weiter geht es über das malerische Tecklenburg durch den Teutoburger Wald nach Bad Iburg, wo man sich vielleicht nach einer Erfrischung oder einer Übernachtungsmöglichkeit sehnt, die in Bad Iburg am Weg liegt. In Hasbergen können Sie bereits den Osnabrücker Kirchturm ahnen, der verrät, dass auch hier die Geschichte lebendig ist. Die Stadtbesichtigung wird sicher den hiesigen Friedenssaal umfassen, die romantische Altstadt und ein nettes Quartier für die fleißigen Radler, Wanderer oder Reiter wartet bestimmt.

Wahrscheinlich sind Sie nach dieser Tour richtig in Schwung und möchten munter weiterradeln. Weiter geht es durchs Osnabrücker Land, Emsland und über die Grafschaft Bentheim zurück nach Münster, wenn ausreichend Zeit vorhanden ist. Doch auch der direkte Weg zurück ins Münsterland hat seine Reize, denn da gibt es ja noch die weiteren Themenstrecken, wie die Skulptur Biennale Route, den EmsAuenWeg, die 100 Schlösser Route und ... Inmitten der typischen Münsterländer Parklandschaft entzücken prachtvolle Schlösser, Wasserburgen und Herrensitze, deren einstiger Glanz noch nachwirkt. Freunde der barocken Baukunst werden begeistert sein, denn diese ist in Hülle und Fülle vorhanden. Das Residenzschloss Münster im Rokoko-Barock nach Plänen von Schlaun oder das schlichte Rüschhaus, auch „Schneckenhaus" genannt, in das die Dichterin Annette von Droste-Hülshoff sich gern zurückzog, sind herrliche Ausflugsziele. Wunderschön gelegen auch Schloss Darfeld in Rosendahl-Darfeld, Schloss Steinfurt in Burgsteinfurt oder die Burgruine Tecklenburg im gleichnamigen Ort.

Sind Sie den braven Burgfräuleins, den mächtigen Schlossherren oder edlen Rittern begegnet und haben Sie prunkvolle Gemächer besucht? Dann steht Ihnen vielleicht der Sinn nach Abenteuern. Wie wäre es mit einem Ballon über die bunte Landschaft zu fahren oder ein Pferdeturnier zu besuchen? Nervenkitzel inbegriffen! Profis live erleben kann man in Warendorf beim „Preis der Besten", dem bedeutendsten Turnier für den Spitzennachwuchs, beim Finale der Bundeschampionate oder den deutschen Meisterschaften junger Sportpferde oder anderer international besetzter Veranstaltungen. Pferderennen in Drensteinfurt und Lüdinghausen oder Meister-schaften der Gespannwagenfahrer in Hörstel-Riesenbeck und Greven sind spannend und das „Sommerfestival des Pferdes" in Warendorf ist immer ein Fest für die Familie. Reiten lernen, mit Kindern auf dem Ponyhof urlauben oder einen Pferdemarkt besuchen, Aktive werden begeistert sein. Und ist der Wissensdurst rund ums Pferd noch nicht erschöpft, sind mehrere Museen und Ausstellungen gute Helfer. Wetten, hier werden Sie zum Pferdespezialisten? Wenn nicht, dann können Sie zumindest zum Kenner der westfälischen Küche werden und feststellen, ob die angeblich sturen Westfalen wirklich so „eisern" sind oder eher „erfrischend anders".

Residenzschloss Münster

Schloss Steinfurt

RINGHOTEL LANDHAUS EGGERT

**Ringhotel
Landhaus Eggert**

Zur Haskenau 81
48157 Münster-Handorf

Telefon 02 51 / 32 80 40
Telefax 02 51 / 3 28 04 59

Es war ein weiser Entschluss, den die Eggertschen Vorfahren 1850 fassten, als sie die um 1030 entstandene Handorfer Hofanlage erwarben. Ihr Landgut, mitten in der Parklandschaft vor den Stadttoren Münsters, hat sich zu einem charmanten Begegnungsort gemausert. Als Ringhotel Landhaus Eggert ist es für seine ruhige Lage und die vorzügliche Küche weit über die Landesgrenzen hinaus beliebt und bekannt. Auszeichnungen des Feinschmecker und Aral-Atlas sprechen für sich.

Die ländliche Abgeschiedenheit, gleichzeitig das schnell erreichbare Stadtzentrum, sind ideale Komponenten für privat oder geschäftlich Reisende. Zwischen Wiesen und Feldern, rund um den Stadtteil Handorf, ist das Vier-Sterne-Haus im Landhausstil ein echter Hingucker. Hendrik Eggert und seine Familie achten darauf, dass auch die stilvollen Erweiterungen den Gutshofcharakter

unterstreichen. Dieser verleiht dem Landhaus seinen unnachahmlichen Charme. Einladend mit schlichter Eleganz oder ein wenig verspielt, abhängig vom Geschmack der Bewohner, sind die komfortablen Zimmer und Suiten buchbar. Hier ist gute Entspannung kein Problem und kann durch ein umfangreiches Wohlfühlprogramm noch gesteigert werden. Saunieren, bräunen,

Lammrücken unter der Bärlauchkruste an mediterranem Gemüse, Kartoffel-Krapfen

Zutaten

ca. 1 kg Lammrücken
1 Strauß Bärlauch
etwas geriebenes Brot (Paniermehl)
Salz, Pfeffer, Thymian
Olivenöl
Paprika
Auberginen
Zucchini
Tomaten
Rosmarin, Thymian, Knoblauch
Kartoffeln, Butter, Mehl, Salz

Zubereitung

Den Lammrücken kurz von beiden Seiten in der Pfanne anbraten und bei etwa 160 °C im Ofen 8–10 Minuten garen. Den Bärlauch mit etwas Brotkrume und Salz, Pfeffer, Thymian sowie etwas Olivenöl mixen. Auf dem Lammrücken gleichmäßig verteilen und kurz mit Oberhitze gratinieren. Ruhen lassen und in drei gleichmäßige Stücke aufschneiden. Paprika, Auberginen, Zucchini und Tomaten in Olivenöl mit Thymian, Rosmarin und Knoblauch anbraten und schichtweise mittig des Tellers übereinander legen. Lammrücken anrichten, Thymiansoße angießen. Als Beilage Kartoffelpüree mit Brandteig vermengen und ausbacken

dampfbaden auf osmanische Art oder eine Klang-Massage kennen lernen, all diese Wünsche werden erfüllt. Auf der Liegewiese kann man es sich bequem machen, den Duft der Blumen oder des frisch gemahlenen Kaffees einatmen und abschalten. Jegliche Hektik wird fern gehalten, nicht zuletzt durch den aufmerksamen Service. Tagungsgäste und Urlauber profitieren gleichermaßen von der familiären Atmosphäre. In den stilvollen Kaminzimmern oder im eleganten Landhausrestaurant wird die verfeinerte westfälische Esskultur gepflegt. Gleichzeitig gibt es südländische Spezialitäten. Hendrik Eggert, erfahrener Koch, Restaurantfachmann und Hotelbetriebswirt, überlässt nichts dem Zufall. In allen Berei-

chen ist seine Nase gefragt und gemeinsam mit der Familie wird auf gleich bleibend gute Qualität geachtet. Gern schaut er dem Küchenchef und seinem Team über die Schulter, denn die Freude am Kochen und Essen führte zum Berufswunsch. Neckische Vorspeisen, cremige Süppchen und zarte Rumpsteaks oder „Vegetariertöpfe" machen die Wahl nicht leicht. Die Menükarte lässt alle Diätideen im Nichts verschwinden. Keinerlei Überredungskunst ist notwendig, um wiederholt hier einzukehren. In der eleganten Bar kann der Tag bei einem heimischen Bier oder mit raffinierten Cocktails ausklingen. Und am nächsten Morgen locken vielleicht wieder die grünen Auen oder das Stadtflair ...

RESTAURANT SUDMÜHLENHOF

2005 ein neuer Stil eingezogen. Das villenähnliche Haus präsentiert sich schöner denn je. Im Kaminzimmer tritt der Gast in eine Atmosphäre des guten Geschmacks und kann anschließend zwischen mehreren Salons wählen. Im weißen Zimmer sind die Nichtraucher zu Hause, der cremefarbene Festsaal mit eigener Theke ist für Hochzeiter ideal. Ein goldener Schimmer liegt über der „Up-Kammer", die im Obergeschoss liegt und vor allem für Festlichkeiten genutzt wird. In der gediegenen Eleganz munden die gutbürgerlich gehobenen Kreationen wunderbar und der unauffällig angenehme Service tut ein Übriges.

Vielfältig sind die Speise- und Weinkarten, die vom kleinen Imbiss bis zum großen Menü alle Wünsche berücksichtigen. Nachahmenswert ist das Gabelmenü im Winter, kleine Portionen, die einen tollen Querschnitt bieten. Pochierter Heilbutt mit Dillkartoffeln oder Kalbsleber mit Äpfeln und Gemüse sind mit der gleichen Liebe zubereitet wie mehrgängige „Offenbarungen". Westfälische Spezialitäten wie Krüstchen oder Schnittchen mit Rohschinken und Mettwurst stillen den kleinen Hunger. Der Sudmühlenteller mit Wurst- und Käsegenüssen ist sommers wie winters ein Gedicht. Bei Einladungen zu privaten oder geschäftlichen Anlässen können die Gäste eine gute Ausstattung nutzen und eine separate Terrasse, die für Sektempfänge wie geschaffen ist.

Für alle Besucher ist eine weitere großzügige Terrasse, die mit dem herrlichen Garten verbunden ist. Zwischen Blumen- und Pflanzenrabatten plätschert ein Springbrunnen und kuschelige Sitzecken machen das Rendezvous noch etwas romantischer. Radler, Wanderer und Manager, für jeden ist ein Eckchen da. Der Blick auf den Mühlenteich und das üppige Grün lässt die nahe Großstadt nicht einmal ahnen. Ungestört können Kinder sich auf dem teilweise überdachten Spielplatz vergnügen, während die Erwachsenen unter Schatten spendenden Bäumen Erholung tanken.

Es rattert die Sudmühle am rauschenden Bach, daneben entfaltet sich die Natur in voller Pracht. Fast scheint hier in Handorf die Zeit still zu stehen. Wie vor Jahrhunderten schlängelt sich die Werse durch das Gebüsch und nahe der Müllerei ist wie anno dazumal ein trefflicher „Gastplatz". Das Restaurant Sudmühlenhof gehört zu den ältesten Münsteraner Ausflugszielen, wird heute auch gehobenen Ansprüchen gerecht.

Ein gut durchdachter Rad-Wanderweg schmiegt sich am Flüsschen entlang und so wird hier schon immer gern Rast gehalten. Die Naturliebhaber und Aktivurlauber sind wie früher stets willkommen. Sie teilen sich gern den Platz mit Feinschmeckern, die eine gepflegte Atmosphäre mit Komfort bevorzugen.

Mit dem neuen Besitzer Hendrik Eggert ist

Restaurant Sudmühlenhof
Familie Eggert

Dyckburgstraße 450
48157 Münster

Telefon 02 51 / 32 63 79
Telefax 02 51 / 32 63 61

Geschmorte Rinderbäckchen an Spargelsalat

Zutaten

1 kg Rinderbäckchen
1 Bund Suppengrün
(Röstgemüse)
$1/4$ l Rotwein
1 l brauner Fond
500 g Grüner Spargel
Balsamico, weiß
Olivenöl
Kräuter
Tomatenconcassé

Zubereitung

Rinderbäckchen (beim Metzger vor-bestellen) zusammenbinden, mit Röstgemüse anbraten, mit Rotwein ablöschen und mit braunem Fond auffüllen. Etwa 60 Minuten schmo-ren. Grünen Spargel kurz blanchieren,

mit weißem Balsamico und Olivenöl marinieren. Kräuter und Tomatenconcassé hinzugeben. Den Spargel auf dem Teller anrich-ten und die in Scheiben geschnit-tenen Rinderbäckchen anlegen. Mit dem reduzierten Rotweinfond angießen. Als Garnitur etwas Blattsalat und/oder ein Kartoffel-körbchen (als Nest ausgebackene Waffelkartoffeln) verwenden.

RESTAURANT ACKERMANN

eine über 100-jährige Vergangenheit blicken kann. Norbert und Beate Ackermann haben den optischen Wandel mit Geschick „vollbracht" und das i-Tüpfelchen mit der gehobenen Küche gesetzt.

Der einstige Landgasthof ist zu einer Verwöhnadresse geworden, die private wie geschäftliche Besucher immer wieder gern aufsuchen. Nur leicht rustikal ist der Gastraum mit Kamin, von schlichter Eleganz das Restaurant. Dunkles Holz schafft eine feine Atmosphäre und an ihrem Faible für hübsche Kleinigkeiten lässt Beate Ackermann gern alle teilhaben. Hier ein Blumengesteck, dort eine alte Waage oder ein kleiner Schubkarren, immer wieder entdeckt sie nette Utensilien. Bei Festlichkeiten kann sie diese Liebe zum Detail so richtig auskosten, bekommt dafür stets ehrlichen Beifall.

Die individuelle Note und vor allem die persönliche Beziehung zu den Gästen ist dem Ehepaar ein wichtiges Anliegen. Beide sind stets ansprechbar und helfen gern bei der Speisen- oder Weinauswahl. Küchenmeister Norbert Ackermann hat sein Handwerk in renommierten Betrieben verfeinert, bevor er nach Roxel kam. Seine Kochkunst blieb auch den Starköchen nicht verborgen. So durfte er auch als „Schüler" bei Eckart Witzigmann noch das ein oder andere Geheimnis erlernen. Gern werden westfälische Rezepte veredelt oder mediterrane Genüsse kreiert. Die Piccata vom Kalbsrücken an tomatisierten Spagetti ist ebenso köstlich wie Spanferkelsülze mit Bratkartoffeln oder Zweierlei vom Kaninchen auf Zucchinisoße. Alle sechs Wochen wechselt die Menükarte und stets geben saisonale Gemüse und

Restaurant Ackermann

Roxeler Straße 522
48161 Münster-Roxel

Telefon 0 25 34 / 10 76
Telefax 0 25 34 / 93 44

Im Grünen und dennoch nahe der City hat sich Roxel, heute Stadtteil Münsters, sein eigenes Gesicht bewahrt. Der kleine aber feine Marktplatz mit Kirche hat immer noch das Flair alter Zeiten und so manches Gässchen ebenso. Jung und frisch jedoch wirkt das Restaurant Ackermann, obwohl es auf

Salat von grünem und weißem Spargel an Traubenkernöl

Zutaten

Je 5 Stangen weißer und grüner Spargel
100 g Gurkenwürfel
100 g Tomatenwürfel
50 g Radieschenwürfel
50 ml Traubenkernöl
50 ml Olivenöl
100 ml weißer Balsamicoessig
Salz, Pfeffer aus der Mühle, Zucker
etwas gehackte Blattpetersilie
Kerbelblättchen
Friséesalat
9 Gambas

Zubereitung

Den Spargel bissfest garen und in mund-
gerechte Stücke schneiden. Gewürfelte
Gurke, Tomate und Radieschen zufügen.
Mit Salz, Pfeffer und Zucker würzen.
Das Öl beigeben und dann vorsichtig vermengen. Anschließend mit Petersilie und
Kerbel garnieren. Die Gambas werden
gebraten und zum Salat serviert, drapiert
auf Friséesalatblättern.

Früchte den Ton an. Gourmets werden auch
von der guten Weinauswahl begeistert sein.
Als Kenner und Liebhaber der „Traubensäfte"
ist auf Norbert Ackermanns Urteil Verlass.
Seine Weindegustationen sind entsprechend
schnell ausgebucht. Immer wieder neue
Menü-Überraschungen erwarten die Feinschmecker an „Kulturabenden", die Lesungen
oder musikalische Darbietungen mit leiblichen Genüssen verbinden.

Ob in Gesellschaft oder allein, bei Ackermann
wird man stets von angenehmer Gastlichkeit
umhüllt. Bei angenehmen Außentemperaturen
ist der mit einer kleinen Brücke und schönen
Pflanzen geschmückte Garten mit Terrasse
und Biergarten beliebt. Familien können in
Ruhe speisen, denn die Kleinen sind auf dem
Spielplatz gut aufgehoben und verweilen
besonders gern bei den Lämmern. Modernes
Design und ländliche Idylle werden hier gut
miteinander vereint.

STADTBÄCKEREI MÜNSTER

geht in der Produktion keine Kompromisse ein.

Die Brot- und Brötchenteige werden ohne fertige Vormischungen zubereitet, die Sauerteige aufwändig selbst gezüchtet. Gebacken wird teilweise nach überlieferten Rezepten. Eine Produktlinie umfasst ausschließlich Bioland-Backwaren. In der Produktionsstätte am Schleebrüggenkamp duftet es verführerisch und gern würde man hier Mäuschen spielen, ein bisschen vom Teig hier und dort erhaschen oder die fertigen Stücke anknabbern. 300 Sorten Brot, Brötchen, Kuchen, Torten und Snacks entstehen hier täglich und insgesamt 250 Mitarbeiter, von der Fertigung bis zu den Läden, sind für die Kunden im Einsatz. Die Sorten werden ständig gewechselt, so dass der Kunde immer wieder andere Köstlichkeiten vom Frühstück bis zum Abendbrot bekommt. In 30 Filialen, zwei davon als „Gutes von gestern" eingerichtet mit Waren vom Vortag, kann man das nahrhafte und schmackhafte Backwerk einkaufen. Großkunden werden direkt beliefert, so dass insgesamt 15 000 Menschen täglich Köstliches aus der Stadtbäckerei Münster genießen können. Nur beste Rohstoffe werden verwendet, versichert Dirk Limberg. Das Getreide kommt aus der Region und wird vorwiegend in den nächstgelegenen Mühlen zu Mehl verarbeitet. Für die Bioland-Produkte wird ausschließlich Korn aus ökologischem Anbau verwendet, alle Zusatzstoffe werden regelmäßig überprüft.

Mal ehrlich, könnten Sie sich eine Woche ohne knackige Brötchen und duftendes Brot vorstellen? Sicherlich kaum. Beides gehört ganz einfach zu den täglichen Annehmlichkeiten. Dennoch ist die traditionelle Backkultur heute keine Selbstverständlichkeit mehr, doch in der Stadtbäckerei Münster wird sie sorgfältig gepflegt. Geschäftsführer Dirk Limberg, unkonventionell und vielseitig interessiert,

Stadtbäckerei Münster
Limberg GmbH

Schleebrüggenkamp 4
48159 Münster

Telefon 02 51 / 20 12 30
Telefax 02 51 / 2 01 23 25

nicht nur Bioland-Lieferant ist, sondern Mitglied bei „Slow baking". Außerdem vertreibt die Stadt- bäckerei Münster als einzige die hochwertigen Friedensreiter-Back- waren. Eigentlich wollte Dirk Limberg ja Musiker werden, doch das richtige Händchen für das Bäckerhandwerk war ihm wohl in die Wiege gelegt worden. So gab er seine Musikausbildung zugunsten der Bäckerlehre und der Ausbildung zum Groß- und Außenhandelskauf- mann auf und führt nun in der neunten Generation das „Backpara- dies" weiter. Mit pfiffigen Ideen und großer Sorgfalt geht er dem Hand- werk nach und kann vom Privat- kunden bis zu Großküchen, der Gastronomie und Instituten jedem das Richtige bieten.

Riesige Backstraßen sucht man vergeblich, hier wird vieles noch von den Bäckern per Hand gemacht beziehungsweise gründlich überprüft, bevor die Mischer, Kneter und Rührer die weitere Arbeit übernehmen. Konditoren bereiten die sahnigen oder cremigen Meisterwerke zu und auch hier sind Tütenpuddings oder -sahnemischungen verpönt.

„Wir legen Wert auf Qualität", betont der Firmenchef und gleichzeitig sei ihm der Respekt vor der Natur und der Nachhaltig- keit wichtig. So erstaunt es nicht, dass der Betrieb seit vielen Jahren

KONDITOREI & CAFÉ GROTEMEYER

und Marzipanleckereien, aber auch herzhafte Speisen, munden hier bestens.

Jeder Raum ist mit viel innenarchitektonischem Geschick eingerichtet. Im Theaterraum oder Orientraum lässt sich wunderbar entspannen und das Biedermeier- oder Altmünster-Zimmer sind ebenfalls sehr beliebt. Von der Terrasse aus fällt der Blick auf den prunkvollen Erbdrostenhof, der mit wenigen Schritten erreicht ist.

Gabriele Kahlert-Dunkel und ihr Bruder Reinolf Kahlert sind wie ihre Vorfahren kunstinteressiert und dies ist an der Ausstattung ihres Cafés leicht erkennbar. Kulturelle Veranstaltungen in ihren Räumen sind keine Seltenheit und gern fertigen sie Leckereien passend zu Filmtiteln oder Größen der Musikgeschichte und Literatur. So gab es natürlich zur Erinnerung an Mozarts Geburtsjahr die passende Mozartpraline. Die Kuchen- und Tortenauswahl überzeugt und zu den Spezialitäten zählen Baumkuchen sowie hausgemachte Pralinen. Trüffelkenner werden vom zarten Schmelz begeistert sein und der Nachwuchs wird bestimmt gern zu Charlies Kinderpraline (frei nach dem Film „Charlie und die Schokoladenfabrik" kreiert) greifen. Eigentlich viel zu schade zum Essen sind die wunderschönen Marzipangebilde. Als Erinnerung an die Münsteraner „Kultfigur", den Kiepenkerl, werden wundervolle Früchte und Gemüse nachgebildet und hoppelnde Häschen oder Enten sind genauso zu finden wie Fußbälle oder Tennisschläger, beispielsweise als Überraschungsgeschenk. Zu besonderen Anlässen wird dieser spezielle Service gern genutzt. Individuelle Marzipanfiguren sind auch in großer Stückzahl für Feiern oder als Präsente für Firmen lieferbar. Selbst bestimmte Logos oder Wappen werden in aufwändiger Handarbeit gefertigt. Mit der so genannten „Schminktechnik" wird jedes einzelne Stück bemalt. Eine Technik, die der Großvater an seine Nachfahren weitergab und die gern beibehalten wird, da so jedes Stück unverwechselbar ist. Ein solches Geschenk dürfte jedes Leckermäulchen erfreuen.

Konditorei und Café Grotemeyer

Salzstraße 24
48143 Münster

Telefon 02 51 / 4 24 77
Telefax 02 51 / 51 92 80

Mitten im Trubel der quirligen Stadt Münster gibt es einige sehenswerte Plätzchen. Zu den besonders angenehmen gehört das Café Grotemeyer. Auf roten Polstern, umgeben von sanftem Licht und Gemälden, kann man die Behaglichkeit genießen. Mehr als 155 Jahre sind seit der Firmengründung vergangen und der besondere Charme eines Kaffeehauses alten Stils, gepaart mit modernem Komfort, macht das Haus weiterhin äußerst attraktiv. Herrliche Torten, Pralinen

Erbdrostenhof

HOF GROTHUES-POTTHOF

Hof Grothues-Potthoff
Hofcafé und Hofladen

Hof Grothues-Potthoff 4–6
48308 Senden

Telefon 0 25 97 / 69 64 10 (Café)
Telefon 0 25 97 / 69 64 20 (Laden)
Telefax 0 25 97 / 69 64 15

Weite Felder und Obstplantagen umschließen das Örtchen Senden, das unweit von Münster liegt. Die Früchte der Natur liegen sozusagen auf dem Weg und können im Hof Grothues-Potthoff in vielfältiger Form genossen werden. Im großzügigen Hofladen, der viele Spezialitäten vom Frischobst und -gemüse bis zum Wein bietet, macht das Einkaufen Spaß. Das herrliche Café mit ruhiger und ausladender Terrasse ist für seine köstlichen Kuchen und Torten sowie herzhaften Snacks bekannt.

Fast 800 Jahre ist der Hof in Familienbesitz und der reiche Erfahrungsschatz in der Landwirtschaft sowie dem Obst- und Gemüseanbau wurde über Generationen weitergegeben. Josef Grothues leitet gemeinsam mit seiner Familie das wegen seiner hohen Qualität weithin bekannte Unternehmen. Vor mehr als 25 Jahren wurde mit der Direktvermarktung begonnen und in dem gut sortierten Hofladen bleiben keine Wünsche offen. Selbst gebackenes Brot ist genauso erhältlich wie pikante Gemüse in Gläsern oder Säfte und Konfitüren aus hofeigenen Früchten.

Das ganze Jahr über gibt es frische Feldfrüchte und durch den Einsatz der Folientechnik sind viele schon vor dem ursprünglichen Reifebeginn erntebereit. Unter den vielen Spezialitäten spielt der täglich frisch gestochene Weiß- und Grünspargel eine herausragende Rolle. Die schwarzen und humosen Sandböden verleihen ihm ein ausgesprochen herzhaftes Aroma und mit Frühkartoffeln sowie Schinken, direkt vom Hof, ist er unvergleichlich gut. Schon im Mai locken die ersten süßen Erdbeeren, die bis November frisch vom Feld kommen. Kurz danach wandern die großfruchtigen Himbeeren in ihre Körbchen, gefolgt von weiteren Beeren.

An rund 6500 Sträuchern, auf saurem humusreichem Boden eines ehemaligen Kiefernwaldes, gedeihen die schmackhaften Heidelbeeren, die schonend gepflückt werden. Freunde der leicht herben Brombeeren kommen hier natürlich auch auf ihre Kosten.

Ab August beginnt das Apfelparadies, gefolgt von saftigen Birnen. Die frischen Produkte, zu denen auch Eier, Käse und Würste zählen, werden durch Gläser und Konserven ergänzt.

Hübsche Mitbringsel wie Servietten, Kerzen oder Figürchen runden das Sortiment ab und Präsente werden gern zusammengestellt.

Im ländlich eleganten Stil des Hofcafés laden gemütliche Sitzecken oder, je nach Anlass, festlich gedeckte Tafeln zum Schlemmen ein. Interessante Tortenkompositionen oder Obstkuchen und leckere Hefestücke nach Hausfrauenart warten darauf verzehrt zu werden. Freunde der deftigeren Küche werden mit Suppen, knusprigen Pfannkuchen oder einer kräftigen Bauernpfanne verwöhnt. Auch Käse- oder Schinkenschnittchen und dazu ein süffiges Bier oder ein Tässchen Kaffee munden hier bestens. Beliebt ist das umfangreiche Frühstücksbüfett, das Gelegenheit zum Plauschen und Verwöhnen bietet.

Ob man nun auf vier Rädern kommt oder auf den wunderbaren Radwanderwegen der Dortmund-Ems-Kanal-Norddeich-Tour oder der 100-Schlösser-Route, einen Abstecher zu diesem außergewöhnlichen Hof sollte man nicht versäumen.

BOCHOLT – STADT MIT FLAIR UND INDUSTRIE

Bocholt

Die Natur erleben und gleichzeitig die Stadtvorzüge genießen, geht das? Oh ja, sogar hervorragend, in der Ferienregion Naturpark Hohe Mark. Im südwestlichen Münsterland gelegen und als Brücke zum Niederrhein ist sie wie ihre „Metropole" Bocholt kulturell und historisch interessant. Die Textilindustrie machte die Stadt bekannt und auch heute ist sie ein bedeutender Industriestandort. Gleichzeitig aber ist Bocholt als Einkaufsstadt mit hohem Freizeitwert und viel Grün immer eine Reise wert.

Das historische Rathaus mit seinen roten Backsteinen und den Baumberger Sandsteinverzierungen ist eine Zierde der Innenstadt. Das schöne Ambiente wird für Kulturveranstaltungen und Trauungen gern genutzt. Sechs Museen, darunter das Handwerks- und Schulmuseum, sowie die St. Georg-Kirche mit Schatzkammer und die Herrenhäuser Woord und Efing oder das Schloss Diepenbrock überzeugen. Als grüne Lunge sind der Stadtpark und der Aasee mit seiner üppigen Vegetation beliebt. In Seenähe liegt auch das „lebendige" Textilmuseum. Noch funktionierende Webstühle sowie das Kessel- und Maschinenhaus geben gute Einblicke. Im anschließenden Restaurant Schiffchen lässt sich gemütlich speisen.

Angenehm bummeln kann man in der Innenstadt und die Shopping-Arkaden sind inzwischen als Treffpunkt für Jung und Alt gut etabliert. Besondere Entspannung in brasilianischem Flair bietet das Bahia-Bad mit verschiedenen Wellness-Bereichen sowie Erlebnisbad.

„Grenznah, ländlich, kulturell und metropol", so lautet Bocholts selbstbewusster Slogan, dem man sich anschließen kann. Radtouren, teils als Rundkurs, zu Schlössern, Herrensitzen, Wind- und Wassermühlen oder über die nahe niederländische Grenze, beispielsweise zu Käsereien, sind nicht zu verachten. Es gibt auf jeden Fall immer wieder etwas zu entdecken oder anders gesagt: Die ländliche Weite und die Stadt mit Innovation und Tradition überzeugen ohne viele Worte.

Badebucht am Aasee

Wasserburg Anholt

Wasserburg Gemen

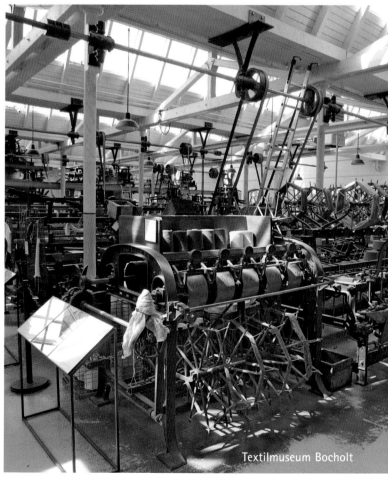
Textilmuseum Bocholt

Schon vor 150 Jahren zählte die Stadt Bocholt zu den wichtigsten Standorten der westfälischen Textilindustrie. Auch heute noch sind die Spuren der „Tuchmacher" überall im Land zu finden. Aufschlussreiche Einblicke in das Wirken und Leben der Arbeiter vermittelt die Museumsfabrik „Textilmuseum" nahe dem Aasee.

Nach historischen Vorbildern wurde das Museum erbaut und zeigt die Arbeitsweise zwischen 1900 und 1960. Das Kessel- und Maschinenhaus ist neben dem Websaal sicher das Interessanteste für Besucher jeden Alters. Rund 30 Webstühle, einige über 100 Jahre alt, sind zu bewundern und imposant ist die Dampfmaschine von 1917. Bei den Führungen wird anschaulich die Funktionsweise erklärt und besonders aufregend wird es, wenn die Schauvorführungen laufen. Dann fühlt man sich in die Vergangenheit zurückversetzt und staunt, wie auf den schwerfälligen Maschinen aus den Fäden ein wunderbares Stück Tuch entsteht. Eine Werkstatt, die Meisterbude und das Kontor verstärken den Eindruck, hier würde immer noch gearbeitet.

Doch nicht nur die Arbeitsatmosphäre, sondern der Alltag ist hier gut in Szene gesetzt. Ein nach alten Plänen erbautes und vollständig eingerichtetes Arbeiterhaus und der dazugehörige Garten mit Kleintierhaltung runden die Informationen bestens ab. Mit verschiedenen Programmen werden die Besucher angesprochen. So gibt es Themenführungen zur Textilgeschichte oder zur Frauenarbeit. Speziell für Kinder lockt die Entdeckungsreise „Hans Dampf", bei der die Kinder Wissenswertes und Witziges aus dem Weber- oder Heizeralltag erfahren. Museumspädagogische Führungen für alle Altersstufen können gebucht werden und auch Sonderausstellungen finden regelmäßig statt.

Die Reise in die Vergangenheit, in der zeitweise 10 000 Menschen in 60 Bocholter Betrieben arbeiteten, wird so lebendig gehalten und Erweiterungen des Museums sind noch geplant. Doch schon jetzt lohnt ein Museumstag, der mit einem Abstecher in den Museumsshop und vielleicht in das Restaurant Schiffchen, im gleichen Gebäude, einen schönen Abschluss findet.

Textilmuseum Bocholt

Uhlandstraße 50
46397 Bocholt

Telefon 0 28 71 / 21 61 10
Telefax 0 28 71 / 21 61 133

Ruhetag: Montag

33

SCHIFFCHEN IM TEXTILMUSEUM

Schiffchen im Textilmuseum

Uhlandstraße 50
46397 Bocholt

Telefon 0 28 71 / 75 08
Telefax 0 28 71 / 18 12 00

Ruhetag: Montag

Der Kontrast könnte nicht größer sein, ein schlichtes Industriegebäude inmitten einer Grünanlage und hinter der Fassade ein ausgefallenes Restaurant: das Schiffchen. Doch gerade die Gegensätze machen den Besuch interessant. Kunstvolle Lampen und reiche Stoffdekorationen prägen das Ambiente und gleichzeitig fällt der Blick auf die imposanten Maschinen des Textilmuseums. Gepflegte Gastronomie und Industrie harmonieren hier auf gelungene Weise. Und weil die Verbindung so eng ist, dauert das Grübeln über die Namensgebung „Schiffchen" auch nur kurz an. Natürlich, er soll an die Webschiffchen erinnern, die einst unermüdlich tätig waren, um am Ende ein gutes Textilstück garantieren zu können. Die fleißigen Arbeiterinnen und Arbeiter wussten es schon damals: „Das Leben wird durch gutes Essen erst schön". Und diese Devise gilt auch bei Ludger Möllmann, der seit Jahrzehnten das Restaurant führt, unterstützt von seinem tüchtigen Team und dem rührigen Küchenchef, der dank seines Könnens auch schon im WDR zu sehen war. An den festlich gedeckten Tischen fühlt man sich schnell wohl und an warmen Tagen wird gern der Biergarten genutzt. Die Karte vereint westfälische Spezialitäten mit internationalen Köstlichkeiten, ohne dabei abgehoben zu sein. Mit viel Ideen-

reichtum werden von Buchweizenpfannkuchen bis zur Webermahlzeit (Eintopf) oder gemischter Fischplatte sowie Wildente, alles mit Kräutern verfeinert, direkt aus dem eigenen Garten, die Gaumen verwöhnt. Gut sortierte Weine oder zünftiges Bier machen das Geschmackserlebnis vollkommen. Und wer Süßes bevorzugt, der sollte auf jeden Fall den hausgebackenen Kuchen probieren. Familien können nicht nur dem Nachwuchs ein Stück Industriegeschichte im Museum näher bringen, sondern werden auch die Kinderkarte sowie den Spielplatz zu schätzen wissen. Und wer gern Kulinarisches mit Unterhaltung kombiniert, ist ebenfalls im Schiffchen richtig. Kulturelle Veranstaltungen wie das Literaturtheater oder Musikalisches werden regelmäßig angeboten und wecken die Lust auf Wiederholung. Seminare oder private Feiern finden hier stets einen gelungenen Rahmen und wer seine Gäste überraschen möchte, kann auch den Schiffchen-Partyservice buchen. Denn, wie heißt es hier so schön: „Das Leben wird durch gutes Essen erst schön".

ROMANTISCHE ORTE MIT INNOVATIVEN BETRIEBEN

Wenn Sie uns auf dieser „3-Regionen-Tour" begleiten wollen, eignet sich Münster besonders gut als Ausgangsort, denn die Feriengebiete, in denen wir interessante Betriebe mit langer westfälischer Tradition und Innovation aufspürten, gleichzeitig gastliche Höhepunkte und Sehenswürdigkeiten, liegen unweit der Bischofsstadt.

Wie überall im Münsterland gibt es hier natürlich Pättkes (Radrouten) und empfehlenswert ist die Aa-Vechte-Tour, die einen Rundkurs von Altenberge über Laer nach Bad Bentheim und über Steinfurt zurück bietet.

Vom Altenberger Höhenrücken aus entschädigt ein faszinierender Blick über die sanften Hügel und blühenden Wiesen für die vorherige Anstrengung beim „Aufstieg". Die gotische Pfarrkirche aus dem 15. Jahrhundert oder der Wehrspeicher Haus Sieverding von 1661 sind lohnenswerte Abstecher, ebenso das Heimathues Kittken im Ortsteil Waltrup. Nur wenige Kilometer entfernt, in Laer,

ist eine Rast am Mühlenturm der Kappwindmühle mit ihren Teichanlagen erholsam und im Holskenmuseum können das Alltagsleben der Holzschuhmacher nachempfunden sowie die Werkzeuge bestaunt werden. Burgmannshöfe kennzeichnen den Ort Horstmar. In Altenberge bei Vollmer wird zudem hervorragender Kaffee produziert, in Laer kann nach Voranmeldung der Naturlandhof Büning besichtigt werden.

Die historische Altstadt der Kreisstadt Steinfurt, die aus Burgsteinfurt und Borghorst besteht, lockt mit herrlichen Hausansichten sowie Cafés und Restaurants mit typischen Spezialitäten. Spielt das Wetter mit, gibt es zahlreiche Freiluftplätze. Auf einer Insel in der Aa liegt das Schloss Steinfurt, das zu den schönsten Wasserburgen des Münsterlandes zählt und teilweise begehbar ist. Der weitläufige Landschaftspark Bagno sowie das Stadtmuseum oder das Heimathaus Borghorst sind reizvolle Sehenswürdigkeiten.

Doch auch die Braukunst hat hier eine jahrzehnte-
lange Tradition sowie edle Brände (von Dwersteg).
Wollen Sie selbst erleben, wie das Bier entsteht, ist
eine Anmeldung bei Rolinck wichtig. Wollen Sie
weitere Tipps für Trips oder Urlaubstage, dann hilft
Münsterland Touristik Steinfurt kompetent weiter.
Hügelig ist es auch im Gebiet „Baumberge". Die
höchste Erhebung ist der Westerberg. Vom dortigen
Longinusturm in Nottuln hat man bei klarem Wetter
eine gute Weitsicht über die abwechslungsreiche
Landschaft. Interessant ist die älteste Blaudruckerei
Nordrhein-Westfalens in Nottuln. Billerbeck ist
ein staatlich anerkannter Erholungsort und seine
Altstadt betörend schön. Der prächtige gotische
St. Ludgerus-Dom bildet den Mittelpunkt und rings-
herum sind hübsche Fachwerkhäuser, Sandstein-
bauten und romantische Gassen, die der oft zitier-
ten Perle der Baumberge Charme verleihen. In der
Domschenke ist man als Gast bestens aufgehoben.
Sandsteinbauten in großer Vielfalt prägen die
Region „Baumberge". Wer mehr über diese architek-
tonischen Kleinode, die meisten von Baumeister
Johann Conrad Schlaun entworfen, erfahren möch-
te, wird im Sandstein-Museum Havixbeck fündig.
Wollen Sie noch mehr unternehmen, sind die
Schlösser Darfeld und Varlar in Rosendahl schöne
Natur- und Kulturziele. Das Glasmuseum Hof
Herding oder das Eisenbahnmuseum, beide in
Coesfeld, sind nicht nur für Nostalgiker sehenswert.
Auf der „Baumberger Sandsteinroute" können Sie
diese Orte gut erradeln.

Immer entlang des Flusses heißt es hingegen auf
dem EmsAuenWeg, der in Warendorf beginnt, an
Münster vorbei Richtung Greven geht und bis nach
Rheine führt. Jetzt befinden wir uns in der Ferien-
region „Links und rechts der Ems", die auch für
Wasserfreunde äußerst attraktiv ist. Denn Kanu-
touren und Drachenboottouren auf der Ems oder
Segel- und Surfmöglichkeiten auf den Seen sind
für Aktivurlauber immer wieder schön. Naturliebhaber werden vom Europareservat Rieselfelder für
Watt- und Wasservögel in Greven begeistert sein.
Der rekonstruierte Sachsenhof in Greven-Pentrup
bringt anschaulich nahe, wie Bauern vor 1200
Jahren lebten. Und wer die Köstlichkeiten heutiger
Landwirte kennen lernen möchte, kehrt am besten
in Nahrup's Hof ein. Sollte Ihnen die „Drei-Regio-
nen-Tour" gefallen, sagen Sie es einfach weiter.

PRIVATRÖSTEREI VOLLMER KAFFEE

Genießeradresse bekannt ist. Röstfrisch verlassen die verführerischen Bohnen den innovativen Betrieb in Altenberge und quer durchs Münsterland begegnet man ihnen in der Gastronomie, Hotellerie sowie in Privathaushalten.

Als Heinrich G. Vollmer 1936 in Münster die Rösterei gründete, war dies eine Ergänzung zum familieneigenen Kolonialwarenladen. Ein ausgesprochen edles Produkt, viel zu teuer für den täglichen Gebrauch, war Kaffee damals. Doch wenn man sich den Luxus gönnte, dann sollte er auch nachhaltig sein. Heute ist dies kaum noch vorstellbar, dennoch hat sich gar nicht so viel geändert. Denn ein Markenkaffee schmeckt nicht nur gut, sondern ist bekömmlich. Um diese Ansprüche erfüllen zu können, ist immer noch Fachkompetenz erforderlich sowie beste Rohware die Voraussetzung für einwandfreie Qualität. Geschäftsführer Matthias Peters führt das familiär geprägte Unternehmen nach der bisherigen Philosophie weiter. Das heißt, die Grundlage wird beim Einkauf handverlesener Rohstoffe gelegt und die schonende Verarbeitung gewährleistet die Entfaltung jeder einzelnen Kaffeesorte. Die Premium-Produkte heben sich daher deutlich vom Markt ab.

Gleichzeitig wird in der Privatrösterei viel Wert auf persönliche Kontakte gelegt. Das fängt in der Produktion an, die erfahrene langjährige Mitarbeiter hat. Und die inten-

Privatrösterei
Vollmer Kaffee GmbH & Co

Siemensstraße 30
48341 Altenberge

Telefon 0 25 05 / 9 32 40
Telefax 0 25 05 / 93 24 99

Besser als jeder Wecker ist der Duft von frischem Kaffee, der selbst Langschläfer aus dem Bett treibt. Und nach einer guten Mahlzeit oder einem Theaterbesuch am Abend ist das wohlschmeckende Gebräu ebenfalls nicht zu verachten. Kenner wissen natürlich, wie entscheidend das richtige Aroma ist und legen Wert auf Qualität. So ist es wohl zu erklären, dass der Betrieb „Vollmer Kaffee" seit über 70 Jahren als

sive Betreuung der Kunden ist ebenso eine Selbstverständlichkeit bei Vollmer Kaffee. Gastronomen finden neben den Kaffeesorten auch eine große Palette an Produkten und Zubehör rund um die Kaffeekultur. Privatkunden können in 110 Depots im Münsterland ihren Bedarf decken, außerdem online bestellen. Schön geworden ist die erste Vollmer Kaffee-Bar, die 2003 in Salzbergen öffnete und schon treue Anhänger gefunden hat.

Die Kaffee-Sorten reichen von kräftig über klassisch, mild bis zu entkoffeiniert und biologisch. Alle Bohnen durchlaufen die Langzeit-Trommelröstung, die aromaentscheidend ist. Wohl zu den bekanntesten Vollmer-Produkten zählt der „Münster-Kaffee". Er ist Teil eines Projektes, das mittelständische Unternehmen und Initiativen in Münster und Umgebung ins

Leben riefen. Das gemeinsame Ansinnen ist, den biologischen Anbau in den Herkunftsländern zu fördern und benachteiligte Bauern zu unterstützen unter dem Transfair-Siegel. Der „Münster" ist eine Spitzenmischung erlesener charaktervoller Hochlandbohnen. „Vollmer kräftig" und „Vollmer klassisch" sind kräftig bis elegante Sorten, hinter der Bezeichnung „mild" steht eine hohe Bekömmlichkeit. Entkoffeiniert und dennoch voll im Aroma ist das weitere Angebot. Und ein rassiger Espresso sowie eine lösliche Variante runden das Sortiment ab.

„Wir lieben und leben Kaffee" lautet das Firmenmotto und wer einmal auf den Trichter gekommen ist, wird künftig sicher bewusster seinen Muntermacher schlürfen. Wann sehen wir uns bei einer Tasse Vollmer Kaffee ...?

NAHRUP'S HOF

Wanderroute EmsAuenWeg, der von Warendorf bis Rheine über 100 Kilometer Naturerlebnisse bietet sowie die Dortmund-Ems-Kanal Route. Im Ortsteil Bockholt grenzt die Strecke direkt an eine Allee, die zu Nahrup's Hof geht, und den sollte man sich nicht entgehen lassen.

Sie fragen warum? Ganz einfach, auf dem vielseitigen Bauernhof, dessen Geschichte man bis 1472 zurückverfolgen kann, werden Gäste verwöhnt. Tradition und Moderne treffen hier aufeinander und neben der traditionellen Landwirtschaft mit einem außergewöhnlichen Hofladen, gibt es seit dem Jahr 2000 das wunderschöne „Café und mehr". Christel und Alfred Nahrup haben in der 13. Generation den Spargelanbau zu einem wichtigen Standbein gemacht während ihr Sohn Bernfried mit Lebenspartnerin Britta Wierlemann das Gastronomische übernommen hat. In der ehemaligen Maschinenscheune laufen heute nur noch die Kaffeeautomaten. Das mit Holzbalken und Kacheln gestaltete Café ist eine Mischung aus rustikal und modern, durch die großen Glasfronten immer hell und freundlich.

Die Natur ist greifbar nahe und die riesige Terrasse, auf der 200 Gäste bequem Platz finden, ein weiterer Pluspunkt.

Die Ferienregion links und rechts der Ems beginnt nur wenige Kilometer von Münster entfernt. Mitten in dieser grünen Auen- und Parklandschaft liegt das hübsche Städtchen Greven. Romantische Winkel und ländliche Schönheit wechseln einander ab. Nahe sind die herrliche Radfahr- und

Nahrup's Hof
Café und mehr

Postdamm 4
Bockholter Berge
48268 Greven

Telefon 0 25 71 / 54 96 08 (Café)
Telefon 0 25 71 / 30 11 (Spargel)
Telefax 0 25 71 / 54 96 07

Ruhetage: Dienstag / Mittwoch
(Café)

frischen Edelgemüse, das auf mehr als 20 verschiedene Arten zubereitet wird. Das Spargelbüfett umfasst Salat, Suppe, Quiche oder Kuchen, gebraten, gedünstet oder gekocht. Mhm!! Frühstücken auch als sonntägliches Büfett ist nach Voranmeldung möglich.

Das schöne Ambiente wird auch gern für Familienfeiern genutzt, Überraschungen, wie eine Kutschfahrt oder ein professionelles Feuerwerk zur Hochzeit inklusive. Menüs, kalt-warme Büfetts oder andere Gerichte, nach westfälischer oder mediterraner Art zubereitet, können bestellt werden. Die meisten Produkte stammen vom eigenen Hof, Spargel ausschließlich von Nahrups, und viele Spezialitäten sind im Hofladen zum Mitnehmen erhältlich. Würste, Schinken, eingelegtes Obst und Gemüse, aber auch Pumpernickel, Marmeladen und Dekobedarf werden angeboten. Der Präsentservice macht im Handumdrehen aus dem Mitbringsel ein edles Geschenk.

Der Kinderspielplatz und die Spielecke im Café erfreuen die Kleinen.

In der gemütlichen Atmosphäre bleibt man gern länger und benötigt am Kuchenbüfett einige Zeit zum Überlegen, denn die Auswahl ist verblüffend groß. Zu den Spezialitäten zählt Nahrup's Haustorte, eine Verführung aus Pumpernickel, Sauerkirschen und Sahne. Lecker ist auch die Sylter Welle,

vorwiegend aus Joghurt und roter Grütze zubereitet. Und dann wären da noch Stachelbeer-Baiser, Apfelkuchen, Himbeer-Mascarpone- oder Mousse au Chocolat-Torte, alle hausgemacht und delikat.

Manchmal mischt sich der Geruch frischer Backwaren mit anderen Kostbarkeiten.

Zur Spargelsaison duftet es donnerstags und sonntags in der Mittagszeit nach dem

RESTAURANT-HOTEL DOMSCHENKE

haben viele gute Ideen in dieses Haus einfließen lassen. Vor allem die familiäre Herzlichkeit und die exquisite Küche machen die Besonderheit der Domschenke aus. In der rustikalen altdeutschen Gaststätte kann man im Winter am Kaminfeuer träumen und im urigen Bauernstübchen schnell den Alltag vergessen. Im neueren Teil des Hauses überrascht das südländische Flair.

Ob im lichtdurchfluteten Wintergarten oder dem italienisch angehauchten Restaurant, hier lädt das Ambiente dazu ein, die Seele baumeln zu lassen. Außergewöhnlich schön sind auch die Tagungs- und Festräume, die ebenfalls eine mediterrane Note haben. Mittels flexibler Wandsysteme können hier viele Kundenwünsche berücksichtigt werden.

Doch was wäre die schöne Schale ohne die Perle des guten Essens? Küchenchef Frank Groll hat nach seiner Wanderschaft durch exquisite „Lehrmeistereien" seinen eigenen Stil gefunden. Gemeinsam mit seinem „Kochteam" bietet er gehobene regionale und internationale Speisen an, die weithin bekannt sind.

Gern wird Billerbeck als Perle der Baumberge bezeichnet und dies mit Recht. Das historische Zentrum mit seinen Sandstein- und Klinkerbauten, dem Kopfsteinpflaster und dem prächtigen Ludgerus-Dom ist immer einen Besuch wert. Inmitten dieser wunderbaren Kulisse ist das Hotel-Restaurant Domschenke. Mit seinem besonderen Flair spricht das Traditionshaus, welches 2007 bereits 150 Jahre im Besitz von Familie Groll ist, jede Klientel an.
Schon Mitte des 16. Jahrhunderts wurde das Gebäude errichtet und versprüht noch heute den Charme alter Zeiten. Doch hinter den dicken Mauern sind inzwischen zwei miteinander verbundene Häuser entstanden, die modernsten Komfort bieten. Die Hotelzimmer, Suite und eine Ferienwohnung heben sich durch ein sehr wohnliches Interieur hervor, das auch längere Aufenthalte zum Genuss werden lässt. Die Senioren Irmgard und Josef Groll sowie ihr Sohn Frank und Schwiegertochter Petra Groll

Restaurant-Hotel Domschenke

Markt 6
48727 Billerbeck

Telefon 0 25 43 / 93 20 00
Telefax 0 25 43 / 93 20 30

Gefüllter Ochsenschwanz

Zutaten

2,5 kg Ochsenschwanz
200 g Schweinenetz
150 g Karotten
150 g Sellerie
150 g Zwiebeln
150 g Porree
50 g Tomatenmark
$^1/_2$ l Rotwein
Salz und Pfeffer
100 g Sahne
50 g Mondamin
1 Knoblauchzehe

Französische oder italienische Einflüsse sind leicht erkennbar und auch heimische Wild- sowie Spargelgerichte und kräftige Suppen werden gern serviert.

Knackige Salate, die an den Sonnenuntergang in der Toskana erinnern, oder Meeresfrüchte, die den Kreationen bretonischer Gourmetköche in nichts nachstehen, sind heiß begehrt. Gänseleberpastete oder Rindersteak, Vegetarisches mit frischen Pfifferlingen oder anderem Edelgemüse, hier ist immer wieder etwas Neues zu entdecken. Dies liegt an der wöchentlich wechselnden Saisonkarte, die die Standardangebote ergänzt. Ob Soufflé oder Obstsalat, hausgebackene Kuchen und Torten, die Dessertkarte verführt dazu, nicht ohne Süßes vom Tisch zu gehen.

Zubereitung

Den Ochsenschwanz an den Gelenken trennen. Einen Teil auslösen und das Fett entfernen. Fein zerkleinern und durch ein Sieb streichen. Sahne und in Würfel geschnittenes, gegartes Wurzelgemüse, Ochsenschwanzsoße, Salz und Pfeffer dazugeben, dann glatt rühren. Anschließend alles kalt stellen.

Den anderen Teil des Ochsenschwanzes schmoren, auslösen, kalt stellen. Alufolie und Klarsichtfolie auslegen, mit Netzfett bedecken, den geschmorten Ochsenschwanz darauflegen, mit der rohen Masse bestreichen, einrollen und 40 Minuten bei 99 °C pochieren.

43

DAS BENTHEIMER SCHWEIN UND ANDERE KOSTBARKEITEN

Mit landschaftlichen Reizen ist das Münsterland reich gesegnet, zudem mit fruchtbaren Böden, die als Acker- und Weideland beste Voraussetzungen für einen guten Ertrag bieten. Gleichzeitig ist der Umgang mit der Natur von Bauern und Verbrauchern mehr ins Bewusstsein gerückt. Artgerechte Tierhaltung und der Anbau nach ökologischen Grundsätzen nehmen zu. Auch die kulinarischen Köstlichkeiten orientieren sich wieder stärker an den westfälischen Wurzeln. Im Landgasthaus stehen sie inzwischen genauso oft auf der Karte wie im Gourmettempel. Die Wiederentdeckung alter Rezepte, mit neuer Raffinesse zubereitet, ist bei einigen Köchen regelrecht zum Hobby geworden, zum Wohl der Gäste. Einige Bräuche wie Heimatfeste, kirchliche Feiern und Kirmes leben weiter und mit ihnen auch die typischen Speisen. So kommt an Karfreitag bei vielen Münsterländern immer noch der Struwen, ein süßer Hefepfannkuchen, auf den Tisch. Bei Familienfesten darf die „Hochzeitssuppe", eine kräftige Brühe mit Rindfleisch und Huhn, nicht fehlen und eine ordentliche Sahnetorte krönt jeden Festtisch. Beim Ausgehen winken zünftige Rittermahle, romantische Diners im Schloss, eine Brotzeit an urigen Holztischen in einer Hausbrauerei oder ein köstliches Essen im Hofcafé oder exquisiten Lokal. Die meisten Küchenchefs bieten eine gute Mischung aus leichten Speisen und deftigen Gerichten, so dass für jeden Geschmack und jedes Portemonnaie etwas Gutes dabei ist. In der gehobenen Gastronomie wird gern mediterranes mit der regionalen Küche kombiniert. So braucht niemand auf beliebte „Dauerbrenner" wie Grünkohl im Winter oder Spargel im Frühling verzichten. Das süßsaure Kalbfleischgericht „Töttchen" oder die Gulaschvariante Pfeffer-Potthast sollte man als Tourist unbedingt einmal essen, dazu ein zünftiges Bier trinken oder vielleicht auch ein Gläschen Wein, das hierzulande immer mehr Freunde gewinnt. Das Pils oder ein leckeres Altbier, vielleicht

auch die Altbierbowle, beispielsweise mit frischen Ananasstückchen, sind eine Wucht, denn frisch gezapft schmecken sie natürlich nach mehr.

Ein ordentlicher Korn ist übrigens nach einem Mehrgang-Menü genauso bekömmlich wie nach einem deftigen Eintopf wie Pferdebohnen (dicke Bohnen) mit Speck. Oft wird Pumpernickel gereicht, der als Beilage genauso gut ist wie zum Frühstück, dick mit Butter beschmiert und Rübensirup oder Käse darauf.

Als Salatfan können Sie sich auf viele Variationen freuen, meist leicht süßlich zubereitet, und auch Fische oder Meeresfrüchte genießen.

Kräftig im Geschmack ist das Fleisch des Bentheimer Schweins. Das delikate Fleisch entsteht durch eine dicke Fettschicht, die es schützt, und durch eine längere Lebensdauer der Tiere, wie Fachleute sagen. Die „Reifezeit" erklärt sich ganz einfach, die Tiere sind robust und wachsen langsamer als ihre rosa Nachbarn.

Diese alte Rasse hätte es übrigens fast nicht mehr gegeben. Im Zuge der Verbraucherwünsche nach äußerst magerem Fleisch wurde die Zucht der „Bentheimer" vernachlässigt und Anfang 2003 waren im Herdbuch nur noch 50 Tiere verzeichnet. Sie stammen ursprünglich aus dem südwestlichen Niedersachsen und ein Landwirt in der Grafschaft Bentheim züchtete 20 Jahre als einziger in der Region die „Swatbunten". Heute gibt es den Verein „Bunte Benthei-

mer", der sich die Erhaltung der Tiere auf die Fahnen geschrieben hat. Der Naturlandhof Büning gehört dem Verein ebenfalls an und hat in Laer die größte Bentheimerzüchtung. Deutlich hebt sich diese Rasse von den Durchschnittsquiekern ab, durch ihre unregelmäßigen schwarzen Flecken auf hellem Grund und die Schlappohren. In einigen Betrieben, unter anderem bei Bünings, kann man die genügsamen Tiere betrachten, hier übrigens auch noch weitere seltene Tierarten.

NATURLANDHOF BÜNING

haltung und natürliche Anbaumethoden. Heute arbeiten sie nach Naturland-Richtlinien.

Ihr Ziel „Fleisch wie früher zu erhalten", im doppelten Wortsinn, ist erreicht. Man merkt deutlich den Unterschied zum „Durchschnittsbraten". Gleichzeitig garantieren Bünings als größter Zuchtbetrieb des seltenen Bentheimer Schweins die Erhaltung der vor einigen Jahren fast ausgestorbenen Rasse.

Gemeinsam mit anderen Erzeugern setzen sie sich für die „Swatbunten" ein, die mit ihren Schlappohren und ihren gefleckten Körpern nicht viel mit den rosa Quiekern gemeinsam haben. Als genügsame Tiere, die deutlich langsamer als andere Schweine wachsen, haben sie einen großen Vorteil: Der Fleischgeschmack ist intensiv und unverwechselbar. „Erhaltung durch Vermarktung" ist das Konzept des Vereins „Bunte Bentheimer", dem auch Bünings angehören. Bevor das Vieh in den Kochtopf wandert, hat es auf dem Naturlandhof ein relativ unbeschwertes Leben. Die Bentheimer Sauen – durchschnittlich 40 an der Zahl – sind ganzjährig an der frischen Luft, genau wie ihre gackernden Mitbewohner. Die Pommernenten, Diepholzer Landgänse oder Gröllwitzer Puten und Westfälische Totleger (Hühner) sind ebenfalls seltene Nutztiere. Die Mutterkühe mit ihrem vorwitzigen Nachwuchs sowie ihre Nachbarn, etwa 250 Mastschweine, suhlen sich in offenen Ställen oder beim Weidegang. Ihre Nahrung aus Weizen, Gerste, Erbsen, Mais,

Fast wie im Paradies muss sich das Borsten- und Federvieh auf dem Naturlandhof Büning fühlen, denn es erlebt den Luxus der Freilandhaltung. Diese ist dem Ehepaar Maria und Martin Büning sehr wichtig.

Aus der ursprünglich geplanten Eigenversorgung ist inzwischen ein Vorzeigebetrieb und Arche-Hof geworden, der bestes Biofleisch erzeugt. In 2005 wurde der begehrte „Pro-Tier-Förderpreis" der Allianz für Tiere in der Landwirtschaft, vom Verbraucherschutzministerium, an das engagierte Paar vergeben.

Im nördlichen Münsterland, am Rande des Örtchens Laer, liegt der weiß gekalkte Bauernhof, umgeben von altem Baumbestand. Ein idealer Standort für das Wohnhaus und die weit ausladenden Stallungen sowie Auslaufflächen für die Tiere. Als landwirtschaftliche Seiteneinsteiger entschieden Bünings sich bereits 1991, kurz nach dem Hofkauf, für artgerechte Tier-

Naturlandhof Büning
Maria und Martin Büning

Borghorster Straße 67
48366 Laer

Telefon 0 25 54 / 86 20
Telefax 0 25 54 / 90 28 96

Ackerbohnen und Kleegras gedeiht auf Bünings Acker, der rund 60 Hektar umfasst. Auf diesem Gut ist alles etwas anders, zum Wohl von Mensch und Tier. Dies haben Verbraucher, Vermarkter und Prüfer erkannt. Der Pro-Tier-Förderpreis wurde für die „besonders tiergerechte Haltung der Bunten Bentheimer Schweine und aller weiteren auf dem Hof lebenden alten Haustierrassen" vergeben. Außerdem ist der Naturlandhof Büning einer von 200 Demonstrationsbetrieben des ökologischen Landbaus und als Arche-Hof von der Gesellschaft zur Erhaltung gefährdeter Nutztierrassen anerkannt.

Trotz der vielen Arbeit gibt es regelmäßig „Schautage" im Laerer Naturlandhof. So können Besucher sich kundig machen

und Schulklassen praktischen Unterricht erhalten. Mehrmals fanden auch Eichelsammelaktionen statt, die viele Kinder begeisterten. Diese Baumfrüchte werden vermahlen und sind für die Schweine eine Delikatesse, die ihrem Fleisch einen nussigen Fleischgeschmack verleiht.

Der Kreis aus Arterhalt und Verzehr schließt sich also wieder. Einkaufen ist direkt bei Bünings möglich, ebenso auf Märkten rund um Münster und per Versand. In diesem Sinne: Guten Appetit.

Das Ende des Dreißigjährigen Krieges, besser bekannt als westfälischer Frieden, der in Münster und Osnabrück 1648 geschlossen wurde, ist in beiden Städten noch immer gegenwärtig. Und die Kundschafter, die damals die frohe Nachricht überbrachten, sind als Friedensreiter auch weiterhin präsent. Sie führen Radfahrer über die Friedensroute auf den nachempfundenen Spuren durchs Land und so mancher Gastwirt hat ein „Reitermahl" oder eine „Süße Botschaft" auf der Karte. Diese Zeichen der Verbundenheit mit der Geschichte aber auch

der westfälischen Identität sind deutlich und nicht selten Anlass für unterhaltsame Gespräche.

Auf ihren Ritten in fremde Lande übermittelten die Botschafter nicht nur die wichtigen Beschlüsse, sondern automatisch auch ein Stück westfälischer Lebensart. Und diese wird weiterhin gut gepflegt, sei es in der Gastronomie, die spezielle Speisekarten mit regionalen Gerichten herausgibt, oder bei traditionellen Festen.

Landestypische und hochwertige Genüsse verbergen sich auch hinter der Dachmarke

und dem Gütesiegel „Friedensreiter".
Mehrere Firmen im Münsterland und in
der Grafschaft Bentheim haben neben
ihren weiteren regionalen Spezialitäten
auch Erlesenes mit dem „Friedensreiter"-
Zeichen im Sortiment und bilden so
die „Friedensreiter-Gemeinschaft". Ihre
bewährten Köstlichkeiten, die seit
Generationen gefertigt werden, können
auch in Präsentpackungen, die mehrere
Schlemmereien enthalten, gekauft werden.
So kann man gleich mehrere Köstlichkeiten kennen lernen, sei es beispielsweise
als „Morgenritt", „Reiterfrühstück" oder
„Friedensreiter Gedeck".
Initiator dieser ausgefallenen Zusammenarbeit ist Ludger Teriete, Geschäftsführer
der Destillerie Dwersteg, in Steinfurt-
Borghorst. Mit hochwertigen Friedens-
reiter-Likören, -Bränden und -Sekt wollte
er die westfälische Identität auf kuli-
narischem Wege weitertragen, was ihm
bestens gelang. Er und seine „Partner"
tragen dazu bei, die regionalen Speisen,
Getränke und Nordhein-Westfalen als
Reiseland weithin bekannt zu machen.
Wollen Sie echt westfälisch genießen,
dann können Sie es ja einmal probieren:
Mit dem würzigen „Friedensreiter-Pum-
pernickel" der Stadtbäckerei Münster,
belegt mit zartem „Friedensreiter-
Schinken" aus der Klümper Schinken-
Manufaktur, Schüttorf (Grafschaft
Bentheim), begleitet von einem spritzig-
eleganten „Rolinck Friedensreiter Bräu"
der Privatbrauerei A. Rolinck, Steinfurt,
und zum Abschluss einem Friedensreiter
Wacholder oder Friedensreiter Edel-
krauter-Liqueur der Dwersteg-Destillerie,
Steinfurt-Borghorst.
Ob die abgebildeten Spezialitäten gerade
von den „neuen Botschaftern" verzehrt
wurden, ist nicht überliefert, aber auf
jeden Fall haben die „Friedensreiter" viel
Spaß bei der gemeinsamen Arbeit.

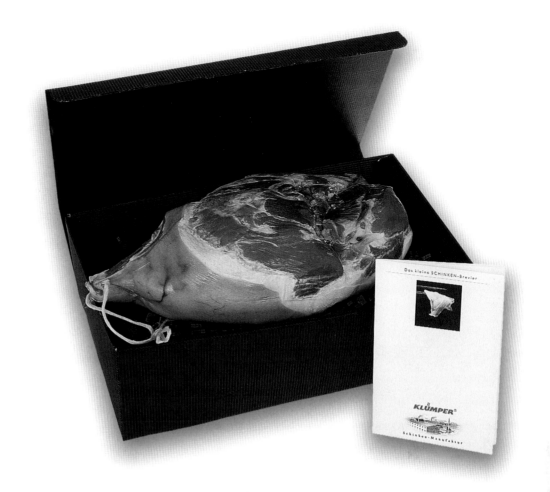

PRIVATBRAUEREI ROLINCK

Malerisch liegt die Wasserburg des Grafen zu Steinfurt-Bentheim, die noch heute bewohnt ist. Die herrliche Gartenanlage mit exotischen Pflanzen, Pavillons und Wasserläufen ist für Romantiker wie geschaffen. Musikfreunde zieht es zur Bagno Konzertgalerie, dem ältesten Freiluft-Konzertsaal Europas. Hochkarätige Musiker geben sich in diesem Steinfurter Kleinod ein Stelldichein. Ein weiterer Hochgenuss entsteht durch die Braukunst der Privatbrauerei A. Rolinck, die seit 1820 hier angesiedelt ist. Mit regionalen hochwertigen Bierspezialitäten hat sie zum Bekanntheitsgrad der Stadt nicht unwesentlich beigetragen.

Das Herz des Firmengründers Alexander Rolinck würde sicher höher schlagen, könnte er die Weiterentwicklung des Biers und den Wiederaufbau des Bagno erleben. Eigentlich verdingte er sich als Musiker, entschloss sich jedoch sein Hobby Bierbrauen zum Beruf zu machen. In der sechsten Generation führt Christian Rolinck diese Tradition fort. Mit seinen Mitarbeitern verfolgt er weiterhin die Philosophie „Qualität und Regionalität".

Gebraut wird nach einem aufwändigen Verfahren, das den besonderen Geschmack sichert. Kalte Gärung und lange Reifung geben den natürlichen Rohstoffen genügend Zeit um den Geschmack vollends zu entwickeln. Die lange Reifung erhöht die Bekömmlichkeit und sorgt für den exzellenten Geschmack, den Biergenießer und Kenner stets loben. Auch unabhängige externe Prüfer bestätigten schon mehrfach die außergewöhnliche Qualität. Zahlreiche Urkunden und Goldmedaillen der DLG sowie des World Beer Cup sind eindeutige Zeugen für guten Geschmack und Qualität. „Als wär's für Sie allein gebraut", dieser Spruch macht quer durchs Münsterland auf Rolincks Spezialitäten aufmerksam und ist keine leere Floskel. Wer ihn liest und dieses echt westfälische Bier trinkt, kann sicher sein „das schmeckt nach mehr". Vor allem das „Rolinck Pilsener Premium" mit seiner feinen Hopfennote hat begeisterte Anhänger gefunden. Sehr süffig ist das obergärige „Rolinck Friedensreiter Bräu", das auch im Geschenkkarton mit weiteren Friedensreiter-Spezialitäten, wie Schinken und Brot, eine super Idee ist. Alex Rolinck feines Lagerbier oder Rolinck-Weizen, nach süddeutschem Originalrezept gebraut, sind gute Durst-

Privatbrauerei A. Rolinck
GmbH & Co KG

Wettringer Straße 41
48565 Steinfurt

Telefon 0 25 51 / 6 41 23
Telefax 0 25 51 / 6 42 20

löscher. Traditionelle Biere, aber auch neue Trends werden berücksichtigt. So sorgt das alkoholfreie „Rolinck free" für einen klaren Kopf und die kalorienarmen Biermischgetränke kommen vor allem bei der jüngeren Generation gut an.

„Als wär's für Sie allein gebraut", diese Maxime zieht sich stets durch das handwerkliche Tun der Privatbrauerei. Die Fachhändler sowie die Gastronomie schätzen die Verlässlichkeit im Geschmack und in der gleich bleibenden Qualität. So wundert es nicht, dass der Fassbierverkauf weit über dem üblichen Durchschnitt liegt. Bei den Gebinden wird auf Plastikflaschen und Dosen verzichtet, denn die Privatbrauerei setzt generell auf Qualität.

Sollten Sie nach Steinfurt kommen, was sich der schönen Umgebung und des hübschen Stadtkerns wegen lohnt, können Sie mehr über die wohl gepflegte, westfälische Braukunst erfahren. Etwa 14.000 Besucher kommen jährlich zur interessanten Besichtigungstour bei Rolinck. Die Voranmeldung nimmt Marlene Wellering unter

Telefon 0 25 51 / 6 41 23 entgegen. Am besten suchen Sie sich vorher in der Nähe eine der netten Übernachtungsmöglichkeiten.

Denn nach der Theorie und dem „Schnupperkurs" ist ein Bierchen mehr nicht zu verachten …

DWERSTEG DESTILLERIE

Dwersteg Destillerie

Altenberger Straße 38
48565 Steinfurt-Borghorst

Telefon 0 25 52 / 44 16
Telefax 0 25 52 / 44 07

Geschichtsinteressierte wissen es und Touristen werden bei einer Reise durch das Münsterland und vor allem zwischen Münster und Osnabrück stets Spuren der Friedensreiter entdecken. Das heißt: Jene Postreiter, die 1648 die Kunde vom Ende des Dreißigjährigen Krieges quer durch Europa brachten. Eng verbunden mit der westfälischen Identität ist auch die kleine exquisite Destillerie Dwersteg. Seit ihrer Gründung 1882 durch Ludwig Dwersteg junior ist sie für ausgezeichnete Spirituosen bekannt und zu einem weltweit bekannten Unternehmen avanciert. Ökologische Spirituosen und im Einklang damit die Friedensreiter-Produktlinie haben zum Erfolg beigetragen.

Konsequent hat Ludger Teriete, Geschäftsführer der Destillerie, gemeinsam mit seiner Frau Monika das qualitativ hochwertige Unternehmen seines Onkels bzw. dessen Erzeugnisse im doppelten Sinn in aller Munde gebracht. Als er Anfang der 1980er Jahre in den Betrieb einstieg, hatte er die Vision neuer exklusiver Produkte, mittlerweile ist daraus Wirklichkeit geworden.

Wie hochwertig und begehrt die Produkte sind, erkannten unter anderem die Japaner, denn 2005 wurde die Expo im japanischen Aichi mit den westfälischen Dwersteg-Spezialitäten bestückt. Im deutschen Pavillon wurden Machandel, 38-prozentiger Doppelwacholder, Sanddorn- und Mumijolikör gereicht, alle drei aus der Friedensreiter-Kollektion. Begeisterte Anfragen aus aller Herren Länder erreichten inzwischen das Borghorster Unternehmen. Begehrt ist der Mumijolikör – an dessen eigenwilligen Geschmack man sich erst gewöhnen muss – unter anderem bei russischen Händlern. Die heilende Wirkung des Grundstoffes Mumijo ist vor allem im asiatischen Raum, aus dem er kommt, bewiesen.

Dwersteg-Produkte heben sich aufgrund der hohen Qualität und Besonderheit von der Massenproduktion ab. Unter der Bezeichnung „Dwersteg Organic" werden rein ökologische Spirituosen und Liköre hergestellt, dies ist weltweit noch eine Seltenheit. Die Zutaten für diese Produkte kommen teilweise aus fairem Welthandel.

Die Weitsicht und Kreativität brachten dem Geschäftsmann schon mehrfach den Titel „Nischenmann" ein und Visionen hat das Ehepaar Teriete weiterhin. Auf dem Erreichten auszuruhen reicht ihnen nicht, auch wenn die bestehenden Produkte vom Eierlikör Organics über den mehrfach ausgezeichneten Schoko-Creme-Likör bis zum über Jahrzehnte gereiften Weinbrand Fein-

schmecker allerorten begeistern. Der Gourmet darf also gespannt sein ...

„Ich möchte Westfalen weiterhin bekannt machen, den Friedensgedanken auf meine Art weitertragen", bekennt der umtriebige Geschäftsführer. Inzwischen gibt es einige Lizenznehmer, die die Friedensreiter-Marke mit Produkten vom Schinken über Bier oder Pumpernickel bereichern. Wer ein besonderes Präsent sucht, wird sich für herzhafte oder süße Zusammenstellungen, wie „Reiterfrühstück" oder „Süße Botschaft", begeistern. Die flüssigen Köstlichkeiten gibt es im Fachhandel und in der gehobenen Gastronomie. Es ist allerdings Vorsicht geboten: Die „alkoholischen Verführer" schmecken nach mehr ...

FRIEDENSREITER®

Im 16. Jahrhundert wurden zu Westfalen noch Teile des heutigen Niedersachsen gerechnet, geändert wurde dies erst im 19. Jahrhundert, wie aus einer Schrift der Unternehmerinitiative „Westfälischer Frieden" anlässlich des 350. Friedensjubiläums im Oktober 1998 ersichtlich ist. Und weil die Geschichte so eng verwoben ist, fanden zahlreiche Aktivitäten zum „Geburtstag" in Münster und Osnabrück sowie in Kreisen und Gemeinden statt.

Es gab mehrere Ausstellungen als Erinnerung an den so wichtigen Frieden, der nach dem 30-jährigen Krieg 1648 in Münster und Osnabrück geschlossen wurde. Historische Ausstellungen in beiden Städten sowie Fachkongresse in Münster 1996 und Osnabrück 1998 wurden durchgeführt und viele weitere Veranstaltungen in beiden Ländern erinnerten an dieses denkwürdige und frohe Ereignis.

Bald nähert sich nun schon das 360ste Jubiläum des Friedensrittes und ein Blick in die oben genannte Schrift der ehemaligen Unternehmerinitiative offenbart interessante Einblicke in das Geschehen rund um den Friedensschluss. So ist zu lesen, dass sich am 24. Oktober 1648 Gesandtschaften aus dem ganzen Reich und Europa in Münster

versammelten und die Deputierten der Königin Christine von Schweden sowie König Ludwigs XIV. von Frankreich in die Quartiere der Gesandtschaften Kaiser Ferdinands III. kamen.

Nach vierjährigen Verhandlungen war im Januar 1648 Frieden zwischen Spanien und den Niederlanden geschlossen worden, die kaiserlich-schwedischen und kaiserlich-französischen Verträge folgten am 24. Oktober 1648. Der so genannte Westfälische Friede war besiegelt.

Die wichtigsten Punkte haben bis heute nicht an Bedeutung verloren. So erhielten die Niederlande und die Schweiz ihre Unabhängigkeit. Es gab den ersten gesamteuropäischen Frieden und die erste Verfassung für einen Verbund weitgehend souveräner Staaten. Außerdem wurde religiöse Toleranz vereinbart, die Katholiken, Lutheraner und Reformierte als Gleichberechtigte im Land anerkannte. (Die Fakten entstammen Dr. Gunnar Teskes und Dr. Edeltraud Kluetings Artikel).

Zu Beginn der Friedensverhandlungen waren die beiden Städte an das internationale Postnetz angeschlossen worden. Als der Friede besiegelt war, durften die Friedensreiter die frohe Kunde in die

Welt hinaustragen. Wochenlang waren sie unterwegs und sich bestimmt ihrer großen Wichtigkeit bewusst. Man kann sich noch heute lebhaft vorstellen, wie frohgemut sie aufbrachen und mit wie viel Freude ihre Botschaft aufgenommen wurde.

Die Idee, diese Friedensbotschafter nicht zu vergessen, sondern sie und damit den Schlussstrich unter einen schrecklichen Krieg in lebhafter Erinnerung zu halten, überzeugt sicher auch Skeptiker.

Ludger Teriete, Geschäftsführer der Dwersteg Destillerie, war der Sprecher der Unternehmerinitiative „Westfälischer Frieden" und trägt durch seine Produktlinie „Friedensreiter" – erkennbar an dem markanten Reiter – zur Erinnerung bei. Gleichzeitig wird die Region Westfalen auch lukullisch immer wieder in den Blickpunkt gerückt. Einerseits durch Dwersteg und andererseits durch weitere „Friedensreiter-Genussprodukte". Nur hochwertige Produkte bekommen dieses Label, der Konsument kann also sicher sein, nicht nur dem Gaumen zu schmeicheln, sondern gleichzeitig den Friedensgedanken – zumindest ein wenig – damit weiterzutragen.

MÜNSTERLAND TOURISTIK

Giebeln und hochragendem Kirchturm.
Ob nun auf Schusters Rappen, auf dem
Pferderücken oder dem beliebtesten Fort-
bewegungsmittel der Westfalen, dem Drahtesel, man findet überall entsprechende
Wege, die zum Näherkommen einladen.
Wer die Ferienregion genauer erkunden
möchte, bekommt beim Fremdenverkehrsverband Münsterland Touristik in Steinfurt
ein reich geschnürtes Paket an Informationen, die genau auf die Urlaubsinteressen
zugeschnitten sind. Dabei kann man sich
gleich die wunderbare historische Altstadt
ansehen und echt westfälisch essen gehen.
Viel zu schade wäre es, nur mit dem Auto
diese abwechslungsreiche Region zu durch-
fahren, denn Attraktionen warten oft am
Straßenrand. Das Radwegenetz umfasst
4500 Kilometer und ist bestens ausgebaut.
Eine der schönsten Touren ist die 100 Schlösser Route. Doch auch auf den Spuren des
Sandsteins oder der Römer, entlang der Ems
oder in historische Stadtkerne kann man
sich leiten lassen.
Die Orte Hörstel-Riesenbeck sowie Warendorf sind nicht nur bei Pferdefreunden international bekannt. Ein außergewöhnliches
Erlebnis ist sicher ein Abstecher zum Dül-
mener Wildpferdegehege mit dem Wild-
pferdefang Ende Mai. In den Baumbergen ist
die Parklandschaft durch sanfte Hügel auf-
gelockert und schöne alte Bäume säumen
den Wegesrand. Zu besonderem Ruhm sind
hier die teilweise 1000-jährigen Sandsteinbauten gelangt. Nicht entgehen lassen sollte
man sich die historischen Ortskerne von
Billerbeck, Havixbeck und Nottuln.

Fremdenverkehrsverband
Münsterland Touristik
Grünes Band e.V.

An der Hohen Schule 13
48565 Steinfurt

Kostenfreie Servicenummer
0 800 / 9 39 29 19
Telefax 0 25 51 / 93 92 93

Seine Bewohner wissen es natürlich
längst: Das Münsterland ist nicht nur das
„Land der Wasserburgen" – auch wenn es
nirgendwo sonst in Deutschland diese Fülle
an Herrensitzen, Landgütern, Schlössern
und Burgen gibt. Parklandschaft, Rad- und
Pferderegion, Land der Spökenkieker und
Tödden, des Schinkens und des Pumpernickels – dies und vieles mehr macht das
Münsterland ebenfalls aus. Harmonisch in
die Landschaft eingebettet finden sich verstreut die Städte und Orte mit schmucken
Häusern aus rotem Backstein, stolzen

Schloss Nordkirchen

Links und rechts der Ems lässt sich vielfach die unverfälschte Natur genießen. Hier sind Kanufahrten und Drachenboottouren möglich und auch Kombi-Vorschläge auf dem Wasser und per Rad werden angeboten. Der Ems-AuenWeg von Warendorf nach Rheine wurde als „Radroute des Jahres 2005 in NRW" ausgezeichnet. Bei Emsdetten wartet eine schaurig-schöne nächtliche Moorwanderung, in Greven das prächtige Europareservat Rieselfelder, in dem Watt- und Wasservögel leben. Der Lehr- und Erlebnispfad und die Aussichtstürme sind eine ganz neue Erfahrung. In Rheine angekommen, ist der Naturzoo empfehlenswert.

Im Steinfurter Land mit seinen Höhenrücken, Heidelandschaften und Mooren ist die Natur ebenso allgegenwärtig wie die Handwerkskunst. In der Töpferstadt Ochtrup kann man den Künstlern über die Schulter schauen, in Steinfurt die Wasserburg Schloss Steinfurt und in Laer den Mühlenturm mit Teichanlagen sowie das Holskenmuseum besuchen. Dies und noch viel mehr bietet die Parklandschaft des Münsterlandes mit seiner namensgebenden Stadt Münster im Zentrum.

Wasserburg Vischering

RHEINE, ZWEITGRÖSSTE STADT IM MÜNSTERLAND IN GUTER NACHBARSCHAFT ZU EMSDETTEN

Naturschutzgebiet Hochmoor Emsdetter Venn

Als zweitgrößte Stadt des Münsterlandes ist Rheine der Lebensmittelpunkt vieler Menschen. Ein reiches Kulturangebot und viele Freizeitmöglichkeiten machen sie aber auch für Ausflügler interessant. Im Naturzoo tummeln sich Seehunde und Störche, die frei lebenden Berberaffen im Affenwald des Zoos gelten als Rarität. Der Streichelzoo begeistert schon die Kleinsten. Spannend sind auch das KinderKochFestival und der größte Kinderflohmarkt Deutschlands.

Geselligkeit pur gibt es bei Planwagen- und Riesentandemfahrten. Wer noch mehr Muskelkraft einsetzen möchte, kann sich bei einer Draisinentour abstrampeln.

Freunde des Golfsports finden beim GC Gut Winterbrock in Rheine-Mesum und in Greven-Aldrup schöne Plätze und Ruhe. Bauern- und Fachwerkhäuser in Mesum zeugen von der langen Ortsgeschichte, eine hiesige Kirche aus dem 13. Jahrhundert ist die älteste in ganz Rheine. Eine lange Tradition, die bis 1712 zurückgeht, hat auch das Alte Gasthaus Borcharding, welches optisch und kulinarisch positiv aus dem Rahmen fällt. Hier kann man auch in angenehmen Zimmern übernachten.

Bewegung ist in und um Rheine auf vielfältige Art möglich, sei es beim Kanufahren auf der Ems, beim Bosseln oder auf Wander- und Radwegen. Dampfertouren als Rundkurs oder eine schöne Schiffstour von Lingen sind angenehm und gemütlich. Rasanter geht es zu bei den noch „jungen" Quad-Touren, die aber bereits viele Anhänger finden.

Kein alltägliches Spektakel sind sommerliche Veranstaltungen auf einer schwimmenden Bühne, mitten auf der Ems. Theateraufführungen der Freilichtbühne Greven-Reckenfeld sind ebenfalls ein großes Vergnügen. Doch wir sind natürlich auch auf der Suche nach weiteren kulinarischen Gelegenheiten. Wenn es schon ein KinderKochFestival in Rheine gibt, dann könnte man ja einmal schauen, was für die Erwachsenen ansteht! Wie wäre es beispielsweise mit „Märchen und Menü", das orientalisch angehaucht ist, oder „Landsknechtessen", beispielsweise in Greven? Diese Veranstaltungen mit viel Phantasie und köstlichen Speisen begeistern immer wieder.

Leichte Schauder bleiben nicht aus bei einer nächtlichen Moorwanderung im Emsdettener Hochmoor. Spinnweben, kitzelnde

Sandufer mit Sagenbrunnen in Emsdetten

Galerie Münsterland

Berberaffen im Naturzoo Rheine

Gräser und das Rascheln von Tieren, die durch die Störung der Zweibeiner aufgeschreckt wurden, gibt es als Zugabe am Wegesrand. Mit Rezitationen von Gedichten der allseits präsenten Dichterin Annette von Droste-Hülshoff bekommt der moorige Ausflug zusätzliche Effekte. Tagsüber ist der Lehr- und Erlebnispfad, mit Aussichtsturm im Venn (Moor), ein ausgefallener Naturgenuss. Bei beginnender Dunkelheit sind auch schaurige Sagenspaziergänge eine tolle Erfahrung. Eine „Geisterbeschwörerin" führt Sie zu „bewegten" Schauplätzen wie dem „Sagenbrunnen" und würzt den Spaziergang mit phantasievollen Geschichten.

Im „Wannenmachermuseum" werden Sie vergeblich nach Badetrögen suchen, gemeint sind vielmehr Weidenkörbe, die früher von den Bauern zum Trennen der Spreu vom Weizen genutzt wurden. Das „August-Holländer-Heimat-Museum" liegt gleich nebenan und erzählt die Geschichte des Textilwesens. Kulturelle und musikalische Höhepunkte hingegen sind in der Ems-Halle, in „Stroetmanns Fabrik" sowie der Galerie Münsterland regelmäßig auf dem Programm.

Ruhe und Beschauliches entzückt viele Menschen, rasante Touren bevorzugen andere. Auch die kommen nicht zu kurz, denn in Greven-Reckenfeld ist die größte In- und Outdoor-Kartbahn des Münsterlandes. Auf 10 000 Quadratmetern können Motorsportfreunde ihrem Hobby frönen oder den Mutigen beim Rennen zuschauen.

Nach solch anregenden Stunden meldet sich bestimmt der Appetit. Höchste Zeit also nach einem guten Haus zu suchen. Westfälisch, mediterran, französisch, wie hätten Sie es gern?

All diese Facetten findet man in der jungen frischen Küche im Lindenhof, zudem außergewöhnliche Zimmer. Also dann – bis bald.

ALTES GASTHAUS BORCHARDING

In angenehm warmes Licht getaucht ist jedes „Esszimmer" für sich ein angenehmer Ort. Im gläsernen Atrium oder auf der neueren Terrasse geht buchstäblich die Sonne auf. Der elegant-behagliche Stil setzt sich im Hotelbereich fort.

Gut erhaltene Bauern- und Fachwerkhäuser und viel Grün machen Mesum wie in alten Zeiten zu einem idyllischen Besuchsziel. Ein weiteres Schmuckstück ist das rot geklinkerte Alte Gasthaus Borcharding mit seinem außergewöhnlichen Innenleben. Die Familienhistorie mit einer Gasttradition, die bis 1712 zurückgeht, wird nicht nur mit einer exzellenten Küche und eleganten Hotelzimmern, sondern auch mit architektonischen Glanzpunkten bewahrt.

Das Geschick, eine Atmosphäre zu schaffen, die moderne Ansprüche erfüllt, gleichzeitig seltene „Sammelobjekte" zu integrieren, ist offensichtlich weitervererbt worden. Küchen- und Konditormeister Josef Borcharding, unterstützt von Ehefrau Helga und Sohn Tobias, inzwischen ebenfalls Küchenchef, erhalten gern die erlesene Gastlichkeit.

Sieben verschieden eingerichtete Räume umfasst das Restaurant. Der 300 Jahre alte Kamin ist ein herrlicher Blickfang, ebenso der gut erhaltene Quarzitboden in der „Stube". Die „Festzimmer" sind mit kostbaren Teppichböden, nach Entwürfen des Ehepaars Josef Borcharding gefertigt, ausgestattet.

Altes Gasthaus Borcharding
Hotel-Restaurant

Alte Bahnhofstraße 13
48432 Rheine-Mesum

Telefon 0 59 75 / 12 70
Telefax 0 59 75 / 35 07

Rote-Bete-Schaum mit Apfelsalat

Zutaten

250 g Rote Bete (aus dem Glas)
150 g geschlagene Sahne
10 Blatt Gelatine
Salz und Pfeffer
3 Boskoop-Äpfel
50 g Rosinen (in Rum eingeweicht)
1 Zitrone
Zucker
wenig Salz und Pfeffer

Zubereitung

Die Rote Bete pürieren und danach erwärmen. In dieser Masse die Gelatine auflösen und würzen. Nun kühl stellen und die geschlagene Sahne unter die fast erkaltete Masse heben. In eine mit Frischhaltefolie ausgelegte Form füllen. Etwa 2 bis 3 Stunden kalt stellen.

Die Äpfel schälen und entkernen, in kleine Stücke schneiden. Mit Zitronensaft beträufeln, etwas Zucker, Salz und Pfeffer beifügen. Die Rosinen hinzufügen und etwa 1 Stunde ziehen lassen.

Diese Vorspeise wurde von Borchardings im WDR als Weihnachtsmenü vorgestellt, zusammen mit Hirschrücken mit Kartoffelkruste und Orangengelee mit Jogurtparfait und Spekulatiusbröseln.

Und wie sieht es mit der Esskultur im Alten Gasthaus Borcharding aus? Mehr als gut, wie mehrere renommierte Gastronomieführer, Presseberichte und das WDR-Fernsehen sowie etliche prominente Gäste bezeugen. Josef Borcharding kann sich mit zahlreichen Auszeichnungen rühmen und Juniorchef Tobias ist bereits in diese Fußstapfen getreten. Etliche westfälische „Urrezepte" sind dem Zeitgeschmack angepasst worden und die Speisekarte heute mit französischen, italienischen oder asiatischen Höhepunkten „aufgefrischt".

Bärlauchspagetti mit gebratenen Riesengarnelen oder Angusrind mit Pfifferlingen, genauso Haxe mit Sauerkraut, werden, je nach Wunsch, serviert und selbst Diätwünsche berücksichtigt. Die im Annette von Droste-Hülshoff-Stil eingerichtete Weinstube hat es schon verraten, hier schlägt das Herz für den Rebensaft. Nicht weniger als 500 Flaschenweine sind auf der Karte und Weinproben keine Seltenheit. Wie gut, dass ein Schlafgemach im selben Haus wartet ...

HOTEL & RESTAURANT LINDENHOF

Wer die Schönheiten entlang der Ems erkunden möchte, dabei zwischen Münster und Rheine unterwegs ist, gelangt unweigerlich nach Emsdetten. Vielleicht kommt er über die 100-Schlösser-Route durch die Innenstadt, über den Emsrad-, den Emsauenweg oder auf dem Wasserwege. Auf jeden Fall wird er hier nicht nur eine kurze Rast einlegen, denn die Stadt ist kulturell und freizeitmäßig äußerst interessant. Ein weiterer Grund hier zu bleiben ist das behagliche Hotel & Restaurant Lindenhof. Mächtige Bäume und ein kleiner Gartenteich neben der Terrasse machen das Haus zu einer kleinen Ruheoase mitten in der Stadt. Die herausragende Küche regt zum Bleiben an. Udo Hankh junior ist nach seinen Wanderjahren durch mehrere exquisite Häuser als Küchenmeister und Betriebswirt in den Familienbetrieb zurückgekehrt. Gemeinsam mit seiner Frau Christine, seinen Eltern Renate und Udo Hankh senior und den Mitarbeitern verwöhnt er die Gäste. Westfälische Spezialitäten und mediterrane Gerichte, oft auch klassisch französische Kreationen, gehören zum reichhaltigen Repertoire. Im bekannten Hotel Traube Tonbach Baiersbronn lernte der Juniorchef die Kochkunst, war anschließend im Adlon Berlin, in Eltville, Aschau, Paris und New York.

Die einstige Gastwirtschaft Lindenhof ist nach mehreren Erweiterungen zu einem modernen und komfortablen Haus geworden, das 2006 seinen 60. Geburtstag als Lindenhof Hankh feiert. Pünktlich zum Jubiläum wurden die 25 Zimmer noch um weitere sieben ergänzt. Jeder Raum ist anders gestaltet. Man kann im 200 Jahre alten Himmelbett träumen, durch die Gefängnistür des Nürnberger Staatsgefängnisses von 1680 einen Schrank betreten oder umgeben von italienischen Designermöbeln Mußestunden verbringen.

Im altdeutsch eingerichteten Restaurant mit vielen Antiquitäten ist die Tageshektik schnell vergessen, die Erholung kann beginnen. In der Speisekarte liegt das Hauptaugenmerk auf saisonaler Küche. Udo Hankh bevorzugt regionale Produkte und verwendet gern Bioware.

Ob zartes Fleisch vom Bio-Kalb auf Austernpilzen, Kaninchenfilet im Serranoschinkenmantel oder Cassoulet von Seezunge und Jakobsmuscheln, jedes ist raffiniert zubereitet. Eine umfangreiche Weinkarte, mit Gewächsen aus deutschen, europäischen und Anbaugebieten aus Übersee, findet viel Anklang. Die Kochkünste blieben auch dem Bertelsmann-Restaurant-Führer und Aral-Schlemmer-Atlas nicht

Hotel & Restaurant
Lindenhof
Familie Hankh

Alte Emsstraße 7
48282 Emsdetten

Telefon 0 25 72 / 92 60
Telefax 0 25 72 / 92 62 00

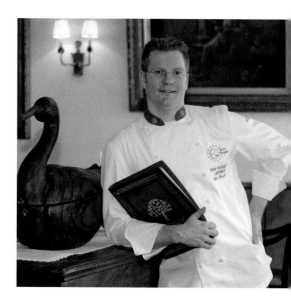

Kaninchenfilet im Serranoschinkenmantel auf Ratatouillesalat mit Basilikumpesto

Zutaten

4 Kaninchenrückenfilets (ca. 400 g)
8 Scheiben Serranoschinken
2 Strauchtomaten

Ratatouillesalat

je 100 g gelbe und grüne Zucchini
je 100 g rote und gelbe Paprikaschoten
100 g Aubergine
1 Knoblauchzehe, in Würfel geschnitten
1 Schalotte, in Würfel geschnitten
50 ml Olivenöl
1 TL Tomatenmark
je 1 EL gehackter Thymian und Basilikum
2 Strauchtomaten, entkernt,
in Würfel geschnitten
50 ml weißer Balsamico-Essig
Salz, Zucker, Pfeffer

Basilikumpesto

100 g Basilikumblätter
1 Knoblauchzehe
50 g geröstete Pinienkerne
20 g Parmesan, fein gerieben
125 ml Olivenöl

Zubereitung

In heißem Olivenöl zunächst Schalottenwürfel, Knoblauch sowie gleich groß gewürfelte Paprika-, Zucchini- und Auberginenstücke anbraten. Tomatenmark dazugeben und fertig garen. Mit Essig ablöschen, Kräuter und Tomatenwürfel hinzufügen, mit Salz, Pfeffer und Zucker abschmecken.
Strauchtomaten blanchieren, enthäuten und zu Filets schneiden. Kaninchenfilet leicht würzen, mit den Tomatenfilets belegen, dann in den Serranoschinken einrollen.
Kaninchenfilet in Olivenöl von allen Seiten etwa 3 bis 4 Minuten braten. Alle Zutaten für das Pesto im Mixer unter Zugabe des Olivenöls zu einer sämigen Soße aufmixen.

verborgen, die den Lindenhof auszeichneten. Im Kreis Steinfurt rangiert der Lindenhof unter den fünf besten Restaurants.
Udo Hankh engagiert sich als Mitglied von Eurotoques aber auch vor Ort, beispielsweise beim Kinder-Kochfestival in Rheine. Besonders viel Spaß gibt es auf beiden Seiten, wenn der junge Chef gemeinsam mit einem Bio-Bauern zum Geschmacks- und Kochunterricht direkt in die Schule kommt. Gemeinsam wird gebrutzelt, geschnuppert und zum Schluss gegessen. Ob die Kinder wohl zu Hause „ihre" Rezepte verraten?

63

ENTLANG DER HOLLÄNDISCHEN GRENZE ZUM TECKLENBURGER LAND

Das Westmünsterland und die Niederlande liegen dicht beieinander und dies berücksichtigen auch die Verkehrsvereine oder Tourismus-Büros in ihren Programmen. Viele Routen sind grenzüberschreitend und so kann man auf alten Schmugglerpfaden wandeln und die handwerkliche Kunst hüben und drüben bewundern.

Beginnen wir diesmal in Gescher, das seit 1790 als Glockenstadt bekannt ist. Hier kann man den Glockengießern bei der Arbeit über die Schulter schauen und auch die prächtigen Stücke der Kunstgießerei bewundern. Die „Klanggeschichte" lässt sich im Museum erleben. In Südlohn sind noch die markanten Reste der Burg Oeding sehenswert und in Stadtlohn die germanische „Hünenburg" sowie das Eisenbahnmuseum interessant. Im Hamaland-Kreismuseum in Vreden mit seiner Bauernhofanlage, die elf Gebäude umfasst, kann man durchaus einige Stunden verweilen und der schöne Kern der Stadt lockt zum Bummeln. Frei lebende Flämingos und tausende Lachmöven machen das nahe gelegene Naturschutzgebiet „Zwillbrocker Venn" zu einer Attraktion für jeden Vogelfreund.

Eine besondere Pracht erlebt man im „Dahliendorf" Legden. Alle drei Jahre wird der „Kinder-Blumen-Korso" veranstaltet (der nächste im September 2008), der jeweils zehntausende Besucher anziehe. Auf der Westmünsterland-Tour begegnet man neben Burgen auch immer wieder herrlichen Schlössern. Eines der eindrucksvollen ist das Barockwasserschloss in Ahaus mit seinem wunderbaren Park. Wollen Sie den Schnitzern in Ahaus-Wessum mit ihren flinken Fingern einmal zuschauen, wie sie Holzschuhe fertigen, dann sind sie nach Anmeldung willkommen und werden begeistert sein. Auch moderne Kunstobjekte verschönern Ahaus. Witzig ist der begehbare Brunnen am Oldenkottplatz, mit beweglichen Bronzefiguren.

Nur eine Nasenlänge vom niederländischen Nachbar entfernt ist die Stadt Gronau. Auf der deutsch-niederländischen Freundschaftsroute können sie sich als Grenzgänger versuchen und sicher die vielen bestehenden Kontakte genießen. Auch der Drilandsee oder das Drilandmuseum machen die Verbundenheit deutlich. Als Reitfreund, Wanderer oder Badegast sind sie hier genau richtig, denn

viele Ponyhöfe und bequeme Wege für Aktivurlauber laden ein. Nahe
am Drilandsee ist auch das Hotel Driland, das schöne Ferientage mit
gutem Essen garantiert. Gronau steht auch als Musik-Mekka hoch
im Kurs. Jazzveranstaltungen finden hier seit vielen Jahren statt und
2004 kam im Stadtzentrum das europaweit einzigartige Rock'n'Popmuseum hinzu. Die Kulturgeschichte der Popularmusik kann man,
begleitet von moderner Technik, „live" erleben.

Nach der Stadtbesichtigung will man vielleicht einen Abstecher nach
Enschede oder Hengelo machen, als Münsterland-Entdecker die Töp-
ferstadt Ochtrup erkunden oder die Grafschaft Bentheim besuchen.
Oder Sie begleiten uns über Wettringen und Rheine zum „Balkon des
Münsterlandes" ins Tecklenburger Land.

Malerisch in einem Park mit altem Baumbestand entzückt das Schloss
Surenburg in Hörstel. Und die rasanten Meisterschaften der Gespannwagenfahrer in Hörstel-Riesenbeck sind stets ein außergewöhnlich
interessantes Erlebnis. Viel Grün und zahlreiche Bauernhöfe prägen
die Gegend und echt westfälische Speisen bietet das „Bauernhofcafé
Hof Gehring" in Riesenbeck-Birgte.

Orientiert man sich nun Richtung Ibbenbüren und Recke gelangt
man an die „Grenze" zum Osnabrücker Land. Idyllisch ist das
Schwefelbad Steinbeck, das seit 1823 über Heilquellen verfügt, die
aber erst 1995 als solche anerkannt wurden. Der überschaubare
Badebetrieb mit modernen Einrichtungen ist ideal für Urlauber, die
Ruhe suchen. Vorzüglich speisen kann man im romantisch gelegenen
„Landhaus Bad Steinbeck" in Recke-Bad Steinbeck. Kulinarische
Abwechslung und „Themenabende" sind hier keine Seltenheit.
Wenn Sie Wildgerichte mögen, sollten Sie hier unbedingt einkehren.
Der Hausherr ist ein passionierter Jäger und erfahrener Koch.

Rock und Popmuseum Gronau

GASTHOF DRILAND

**Hotel Restaurant
Gasthof Driland**
Familie Berning

Gildehauser Straße 350
48599 Gronau

Telefon 0 25 62 / 36 00
Telefax 0 25 62 / 41 47

Idyllisch ist der Drilandsee inmitten des Naherholungsgebietes Dreiländersee, umgeben von mehreren Naturschutzgebieten. Vom Gasthof Driland, heute ein komfortables Hotel und Restaurant, schaut man direkt auf diese Landschaftsoase und ist in wenigen Minuten mittendrin. Aktivurlauber, Ruhesuchende und Geschäftsreisende lassen sich hier gern von Birgit und Thomas Berning sowie ihrem Team verwöhnen. Die ideale Lage im Dreieck Gronau, Bad Bentheim, Enschede regt zu Ausflügen an. Zu den Niederlanden ist es nur ein Katzensprung.

Um 1651 existierte auf dem heutigen Gelände nur ein kleiner landwirtschaftlicher Kotten der Familie Fix, der ausschließlich Gäste bewirten durfte, die hier ihre Pferde ausspannten. Doch 200 Jahre später erhielt die Nachfahrin Johanna Berning (geborene Fix) gemeinsam mit ihrem Mann Heinrich Berning eine allgemeine Gaststättenkonzession. Nach einem kompletten Neubau in den

Sechzigern und mehreren Erweiterungen entstanden ein behagliches Hotel und Restaurant. Küchenchefin und Hotelbetriebswirtin Birgit Berning führt, gemeinsam mit ihrem Mann Thomas, das anspruchsvoll ausgestattete Haus in der sechsten Generation. Der familiäre Stil ist noch immer das Aushängeschild des Driland, ergänzt um die „frische junge Küche mit Tradition".

Hell und freundlich ist der neue Hotelanbau, die schon vorhandenen Bereiche wurden „verjüngt". Alle Zimmer sind neuzeitlich ausgestattet und per W-Lan kann kostenlos im Internet gesurft werden. In der „Wirtschaft", die an ein Eisenbahnabteil vergangener Zeiten erinnert, ist noch ein wenig Nostalgie spürbar. Hier trifft man stets auf Gleichgesinnte. Urgemütlich ist es auch im Kaminzimmer und wohnlich elegant sind das Esszimmer sowie die Säle. Durch flexible Wandsysteme sind verschiedene Lösungen für Feiern oder Seminare möglich.

Der Blick auf die natürliche Umgebung ist vor allem von den beiden Sonnenterrassen herrlich. Das Kinderkarussell, die Seilbahn über einen kleinen See und ein großes „Tobegelände" beschäftigen die Kleinen bestens.

Mit vielen guten Ideen wird zum Bleiben verleitet, nicht zuletzt des exzellenten Essens wegen. Küchenchefin Birgit Berning hat, wie Küchenmeister Jörg Nienhaus, nicht die Wege durch verschiedene Sternehäuser gescheut, bevor sie in den elterlichen Betrieb zurückkehrte.

Die gehobene leicht mediterran angehauchte Küche ist beider Metier, doch auch westfälische Spezialitäten fehlen nicht. Ob Buchweizenpfannkuchen, Pumpernickelvariationen oder Barbarie-Ente sowie Fischvariationen, die Bandbreite ist groß. Wöchentlich erscheint eine neue Saisonkarte. Schlemmern und Schlummern – im Driland immer ein Vergnügen ...

GRONAU

Kaninchenkeule mit Wirsinggemüse gefüllt an Balsamicosoße

Zutaten
(Mengen je nach Personenzahl)

Kaninchenkeulen
Wirsingkohl
Zwiebelbrunoise
Speckbrunoise
Thymian
Knoblauch
Brühe
braune Grundsoße
Schalotten
Balsamicoessig
Salz
Pfeffer
Zucker

Zubereitung

Den Wirsingkohl vierteln und den Strunk entfernen, in feine Streifen schneiden. Zwiebel- und Speckbrunoise dünsten, den Wirsing hinzufügen, mit etwas Brühe ablöschen und dünsten. Mit Salz, Pfeffer, Thymian und Knoblauch abschmecken.
Die Kaninchenkeule auslösen, mit dem Wirsinggemüse füllen und binden. In einer heißen Pfanne anbraten, im Ofen bei etwa 175 °C 15 Minuten garen.
Für die Soße die Schalotten schälen und in Brunoise schneiden, anschwitzen und mit Balsamico-essig ablöschen. Mit brauner Grundsoße auffüllen und mit Salz, Pfeffer und Zucker abschmecken.

Anmerkung: Brunoise ist der Fachbegriff für Kleingeschnittenes.

BAUERNHOFCAFÉ HOF GEHRING

Bei Pferdefreunden ist Riesenbeck am Südhang des Teutoburger Waldes bekannt. Alljährlich finden hier Reit- und Fahrturniere statt, die zu den beliebtesten des Münsterlandes zählen. Immer einen Abstecher wert ist auch der Hof Gehring im Ortsteil Birgte - wegen seines schönen und vielseitigen Bauernhofcafés und der hervorragenden Erzeugnisse. Ideal ist es hier auch für Familien, denn der Streichelzoo mit Damwild und Hängebauchschweinen und das Strohlabyrinth sind beliebte Attraktionen bei den Kleinen.

Den seit 1234 bestehenden landwirtschaftlichen Familienbetrieb haben Ruth und Wolfgang Gehring um das gemütliche Bauernhofcafé erweitert, das durchgehend warme Speisen bietet. Mit Blick auf die Natur kann man hier wunderbar ausspannen und sich gleichzeitig mit regionalen Köstlichkeiten verwöhnen lassen. Die rustikale Küche umfasst viele Kartoffelgerichte, angefangen von der Suppe bis zu Bratkartoffeln, ebenso herzhaften Hackbraten, Schnitzel oder vegetarische Gerichte. Auch belegte Schnittchen mit kräftiger Mettwurst oder ein pikanter Heringsdip können bestellt werden. Der Mittagstisch bietet sich für Radfahrer, Wanderer oder Durchreisende

Bauernhofcafé Hof Gehring

Tecklenburger Straße 53
48477 Riesenbeck-Birgte

Telefon 0 54 54 / 95 94
Telefax 0 54 54 / 95 98

an, denn gut gestärkt geht es hinterher weiter. Nachmittags ist die Kuchentheke reich gefüllt. Von Obst- bis zu Schmandkuchen und Torten reicht die Auswahl und leckerer Rosinenstuten oder hausgebackenes Brot runden die Kaffeetafel ab. Wollen Sie sonntags die Lieben mit einem rustikalen Frühstück verwöhnen, dann ist das Bauernhofcafé stets eine gute Empfehlung. „Gutes wie bei Muttern," dieser Spruch hat bei Gehrings immer Gültigkeit, denn vieles wird nach überlieferten Rezepten und immer frisch zubereitet.

Neben dem Bauernhofcafé gibt es weitere Gasträume, die vorwiegend für Feiern genutzt werden. Die Westfalenstube, Tecklenburgerstube oder Münsterländer Deele könnten nicht passender gestaltet sein, der typische Stil des bäuerlichen Anwesens

blieb erhalten und ist, fein herausgeputzt, immer wieder ein wunderschöner Rahmen. Soll dennoch zuhause getafelt werden, kommt Gehrings Partyservice, der in Zusammenarbeit mit Kollegen und dem Landfrauen-Service stets ein köstliches Angebot bietet.

Etliche Produkte, wie Schinken, Wurstgläser oder Fruchtaufstriche, können direkt am Hof gekauft werden. Die schmackhaften Fleisch- und Wurstwaren müssen vorbestellt werden. Sie munden umso besser, wenn man weiß, dass Ruth und Wolfgang Gehring auf artgerechte Haltung achten und so auch die strengen Neuland-Richtlinien erfüllen. Die 250 Schweine, einige Kälber und gelöscht Rinder können sich im Stroh tummeln und erhalten regelmäßig Auslauf. Ein Hof, dessen Philosophie überzeugt.

Brotrösti mit Schmorfleisch

Zutaten
(Mengen je nach Personenzahl und Geschmack zusammenstellen)

Rindfleisch

Schweinefleisch

Räucherspeckwürfel

Lauchstreifen

Zwiebeln

Sahne

Sauerrahm

Frischkäse

Käse, gerieben

Brotscheiben

Salz, Pfeffer

Zubereitung

Das Rind- und Schweinefleisch in Streifen schneiden, mit Salz und Pfeffer würzen. In der Pfanne anbraten, Räucherspeckwürtel, Lauchstreifen und Zwiebeln zugeben, ebenfalls anbraten. Nun in einen Bratentopf geben, Sahne, Sauerrahm, Frischkäse und geriebenen Käse hinzufügen. Im Backofen gar schmoren. Zwischenzeitlich Brotscheiben in der Pfanne rösten, diese mit der Masse belegen und mit Käse überstreuen. Kurz überbacken.

RESTAURANT LANDHAUS BAD STEINBECK

Die drei Kinder der Determeyers werden vielleicht einmal die „Gastlichkeit" fortführen. Derzeit haben sie eher Freude am eigenen Wildgehege und Spielplatz – ebenso wie die „Besuchskinder". Derweil können deren Eltern gemütlich speisen oder den Prosecco-Brunch genießen, der jeden ersten Sonntag im Monat stattfindet. Beliebt sind auch die Jazz-Frühschoppen im Freien und Sommerbüfetts bei Fackelschein.

Doch auch bei unfreundlichem Wetter lohnt der Weg zum Landhaus Bad Steinbeck. Im eleganten Ambiente des Restaurants, mit angrenzendem Wintergarten, oder im leicht rustikal gestalteten Jägerzimmer, mit Blick auf die Natur, fühlt man sich schnell wohl. Die vielseitige Speisekarte hält internationale wie regional beeinflusste Speisen, oft mit mediterraner Note, parat.

Heiner Determeyers Kreativität bei raffinierten Spargel-, Fisch- oder Meeresfrüchtegerichten hat sich weit über die Region hinaus herumgesprochen. Eine weitere Spezialität ist das Wild, welches der passionierte Jäger im familieneigenen Revier erlegt. Vor allem seine Wildtaubengerichte sind eine Besonderheit, sie reichen vom Taubenbrüstchen mit Schinken und Salbei

Unweit des Schwefelbades Steinbeck liegt, ein wenig versteckt, das idyllische Restaurant Landhaus Bad Steinbeck. Hier wird seit 1858 die Gastlichkeit gepflegt und Heiner Determeyer führt gemeinsam mit seiner Frau Martina die lange Familientradition mit neuen Ideen von der kreativen Küche bis zu Kulturevents fort. „Ich weiß ein Haus im Grünen ...", so lockt das großzügig gestaltete Haus mit herrlichem Garten in großen Lettern. Und dies ist keine leere Floskel, denn die Liebe zu Natur und Kultur sowie kulinarische Überraschungen bilden einen harmonischen Dreiklang. Im Frühjahr stehen die kräftigen Rhododendren-Büsche in voller Blüte und ihr Duft vermischt sich mit dem von köstlichen Gerichten oder hausgebackenen Kuchen und Torten. Die Terrasse des Landhauses Bad Steinbeck ist eine Oase für Ausflügler und Feinschmecker gleichermaßen. Heiner Determeyer zeigt hier, dass großartiges Kochen, Landpartie und humane Preise keine Feinde sind.

Auch für Familienfeiern ist dies ein idealer Rahmen, zumal ein exklusives Zelt für 200 Gäste möglichen Wetterkapriolen trotzt.

Restaurant Landhaus
Bad Steinbeck

Bad 14
49509 Recke-Steinbeck

Telefon 0 54 53 / 82 80
Telefax 0 54 53 / 8 04 17

Ruhetag: Montag

Terrine von der Münsterländer Wildtaube mit Cumberlandsauce

Zutaten

4 Taubenbrüstchen
300 g Taubenfleisch
100 g Kalbfleisch
0,4 l Sahne
0,1 l Madeira
5 cl Cognac
Salz, Pfeffer aus der Mühle
20 g grüne Pfefferkörner
30 g gehackte Pistazien
frischer Thymian, Rosmarin,
Lorbeerblätter, Wacholderbeeren
1 Mangoldstaude
Kochschinkenscheiben,
hauchdünn geschnitten

Soße:
Je 1 Orange, 1 Zitrone
etwas englisches Senfpulver und
Cayennepfeffer
0,1 l roter Portwein
200 g Johannisbeergelee

Zubereitung

Taubenfleisch, Taubenbrust und Kalbfleisch
mit der Hälfte des Cognacs und Madeira etwa
1 Stunde im Kühlschrank marinieren.
Danach abtropfen lassen, anschließend Taubenbrust trocknen und in
Olivenöl rosa braten. Restliches Fleisch
mit der Sahne und den Gewürzen mit
2 Eiswürfeln im Mixer
zu einer Farce verrühren. Den restlichen Cognac und Madeira, Pistazien,
grünen Pfeffer, Thymianblättchen
unter die Farce heben, abschmecken
mit Salz und Pfeffer.
Das Grüne vom Mangold lösen, im
kochenden Wasser 1 Minute blanchieren, anschließend in Eiswasser
abschrecken. Terrinenform mit hauch-
dünnem Kochschinken über den Rand
hinaus auslegen. Die Form zur Hälfte
mit Farce füllen und die im Mangold
eingewickelten Taubenbrüstchen darauflegen.
Restliche Farce einfüllen und mit
Wacholderbeeren, Rosmarinzweig
und Lorbeerblättern belegen, mit dem
überhängenden Kochschinken bedecken. Die Terrinenform verschließen
und im Wasserbad etwa 1 Stunde bei
140 °C im Ofen garen lassen.
Soße: Orange und Zitrone auspressen
und alle Zutaten im Mixer verrühren.

umwickelt bis zur köstlichen Terrine oder
Münsterländer Wildentenbrüstchen an
Holunderbeersoße. Natürlich gehören
Reh oder Hirsch mit zum Repertoire. Ein-
mal monatlich wechselt die Karte und
wer gern Neues ausprobiert, der wird das
winterliche Candle-Light-Büfett sicher
zu schätzen wissen.
Reizvoll sind die kulturellen Diners.
Dichtergrößen wie Goethe oder Schiller,
in biografischen Szenen von bekannten
Theatergruppen präsentiert, oder Rezitationen, begleitet von einem fünfgängigen
Menü, regen die Phantasie und den
Gaumen an. Die Zusammenarbeit mit
Kulturvereinen ermöglicht Ausstellungen
im Restaurant, was vor allem regionale
Künstler gern nutzen. „Ich weiß ein Haus
im Grünen ..." ist somit auch ein Syno-
nym geworden für kulturelle Schlemmereien.

REIZVOLLE ROUTEN
VOM WESTFÄLISCHEN MÜNSTERLAND NACH ...

Die Liebe zum Drahtesel und Pferd ist in Nordrhein-Westfalen genauso präsent wie in Niedersachsen und so gibt es viele Verbindungen für die Zwei- und Vierbeiner. Für Kurzreisen bevorzugt man vielleicht eher das Auto, die von uns vorgestellten Sehenswürdigkeiten sind natürlich auch motorisiert gut erreichbar. Um die idyllischsten Ecken zu finden, muss man allerdings auch ein bisschen herumspazieren. Bequem ist eine Kombi-Reise Auto/Bahn und Rad, denn etliche Hotels und andere Einrichtungen bieten Leihräder an.

Viel Zeit und „gute Pedale" erfordert der EmsRadweg, der von der Quelle bis zur Mündung des Flusses reicht. Beginnend im Paderborner Land führt er über Warendorf und Rheine weiter ins emsländische Meppen bis zum ostfriesischen Emden. Die Gesamtstrecke beträgt 375 Kilometer, die gute Ausschilderung und Radkarten machen auch kürzere Etappen wie den EmsAuenWeg möglich. Entlang des Flusses und auf Nebenstrecken ist die Strecke ohne nennenswerte Steigungen gut zu bewältigen. Mit ihren 350 Kilometern ist die Rad-

Route Dortmund-Ems-Kanal ebenfalls ein „Großereignis". Sie beginnt in Dortmund und führt vom Ruhrgebiet über das Münsterland und Emsland bis Ostfriesland, mit Abschluss auf der Nordseeinsel Norderney. Geradelt wird überwiegend am Kanal, wobei ehemalige Leinpfade durch die grünen Ebenen führen.

Vom Steinfurter Land aus kann man der Aa-Vechte-Tour folgen, die zwischen Altenberge und Bad Bentheim einen Rundkurs beschreibt. Der nach barockem Vorbild angelegte Schlosspark und die Höhenburg in Bad Bentheim sind herrliche „Zeitzeugen," wie die Altstadt mit ihren romantischen Straßen. Die Grafschaft Bentheim hat sich ihre Identität bewahrt und ist vom Münsterland genauso gut zu erreichen wie vom Emsland, den Niederlanden oder dem Osnabrücker Land.

Die Aa-Vechte-Tour verschmilzt bei Nordhorn mit der Kunstwegen-Route, die über Neuenhaus und Emlichheim bis nach Zwolle geht und 60 Skulpturen „berührt".

Umkreisen lässt sich die Grafschaft auf der Hauptroute der „Fietsentour", die von Bad Bentheim, Schüttorf über das Naturschutzgebiet Gildehaus nach Uelsen und Nordhorn wieder zur Kurstadt geht. Hervorragende Grafschafter Spezialitäten haben wir notiert in Schüttorf, Neuenhaus und Ringe.

Nicht nur für geschichtlich Interessierte ist die Friedensroute ein guter Tipp. Sie ist ein bisschen „bergig", aber landschaftlich reizvoll. Start und Ziel sind die historischen Rathäuser in Osnabrück und Münster. Von Münster aus wird man über Greven nach Tecklenburg, Bad Iburg bis Osnabrück geleitet. Im Europareservat Rieselfelder bei Münster können seltene Vögel beobachtet werden. Das Heimathaus Sachsenhof Pentrup in Greven, gibt Einblicke in das bäuerliche und handwerkliche Leben vor 1200 Jahren.

Malerisch ist der Heil- und Kneippkurort Tecklenburg auf dem Kamm des Teutoburger Waldes. Wir bleiben immer in Waldnähe, befinden uns nun bereits im Osnabrücker Land und erreichen das Kneippheilbad Bad Iburg am Fuße des Dörenbergs. Das Schloss ist schon von weitem sichtbar und der Charlottensee romantisch schön. Im Uhrenmuseum sind 800 Uhren zu bewundern und für eine gemütliche Kaffeestunde immer Gelegenheit.

Das ländlichere Bad Laer ist nur fünf Kilometer entfernt und vor allemim Frühjahr wegen der riesigen Blumenpracht unterhalb des Blombergs sehenswert. Von Bad Iburg aus ist auch eine Fahrt in die Borgloher Schweiz (Richtung Hilter) ein Naturerlebnis. Bleiben wir auf der Friedensroute, geht es direkt nach Hasbergen, mit seinem schönen Freizeit-Badeland. Nun ist es nicht mehr weit bis Osnabrück und hier wird das Rad geparkt, um einkaufen zu gehen oder sich mit einem leckeren Mahl und erfrischenden Getränken zu stärken. Schon am nächsten Tag winken wieder neue Ziele auf die Pedalritter, oder?

WAIDMANNSHEIL ZWISCHEN WIEHENGEBIRGE, TEUTOBURGER WALD & NATURPARK DÜMMER

Flaches Land, Moore, ausgedehnte Wiesen, Flussauen und sanfte Hügel sind typisch für das Osnabrücker Land. Gleichzeitig ist es ausgesprochen waldreich, rund 70 Prozent der Naturparkfläche besteht aus Bäumen. Vom Teutoburger Wald bis zum Wiehengebirge und Dümmer See reicht der Naturpark, und mittendrin liegt die Großstadt Osnabrück. Die Region ist ideal für Wanderer und Radfahrer, aber auch für jene, die sich für das Wild und die Jagd begeistern können. Wie in ganz Niedersachsen, gibt es hier zahlreiche Jagdreviere und die regionalen Jägerschaften geben gern Auskünfte, beispielsweise auch, wo man als interessierter Gast mit auf die Jagd gehen kann. Die Hochsaison geht von Oktober bis Januar, Rehwild wird ab Mai erlegt.

Vom Osnabrücker Land über das Emsland, die Grafschaft Bentheim bis zum Münsterland sind vor allem das Rot- und Damwild sowie Reh- und Schwarzwild anzutreffen. Doch auch Hasen, Wildtauben und -enten oder Rebhühner sind hier heimisch. Für die verantwor-

tungsvolle Jägerschaft gehören die Jagd und die Schonung des Waldes sowie seltener Tierarten zusammen. So engagieren sich viele auch in Naturschutzverbänden und bei der Aufzucht vom Aussterben bedrohter Tierarten. Das Klischee vom Schützen, der sich nicht um das Weiterbestehen des Wildes kümmert, ist schlichtweg falsch. Das Gegenteil ist der Fall, wie Fachleute der verschiedenen Verbände belegen können.

Viele Köche in unserem Buch sind ebenfalls Jäger oder haben gute Kontakte, bestimmt geben sie gern Ratschläge zu den Jagdregionen oder der Wildzubereitung. Weitere Informationen zum Jagdgeschehen und raffinierten Zubereitungsarten finden sie auf unseren entsprechenden Themenseiten. Lassen Sie sich jedoch lieber mit einem professionell zubereiteten Wildgericht verwöhnen, dann haben Sie in Melle, Bad Essen und Bohmte gleich bei mehreren ausgezeichneten Köchen die Gelegenheit dazu. Was nicht heißen soll, dass auf den weiteren Pfaden der kulinarischen Entdeckungsreise keine Meister der Wildküche zu finden sind!

74

Haben Sie eher Lust zu wandern oder radeln, lassen sich Naturerfahrungen und architektonische Ausflüge im Osnabrücker Land gut vereinen. Die Schlösser-Tour verbindet die schönsten Burgen, Schlösser und Herrensitze auf einem Rundkurs. Das Städtchen Melle liegt verkehrsgünstig und ist als Ausgangspunkt für Ausflüge nach Osnabrück oder Wiehengebirge und Teutoburger Wald ideal. Es ist auch Startpunkt für die Schlösser-Route. Bequem erreicht man von hier aus die Wasserburg Sondermühlen. Die barocke Gartenanlage beim Schloss Gesmold und mehrere Burgen, teils im Wald verborgen, folgen. Nach einem etwas anstrengenden Pedalritt offenbart die Schelenburg ihre Schönheit mit dem mittelalterlichen Wohnturm und dem Renaissanceanbau. Entlang des Mittellandkanals geht es zum Kronensee und Golfen können Sie auf Gut Arenshorst. Noch immer Lust auf Schlösser? Gut, dann fahren wir weiter Richtung Bad Essen, zum Schloss Hünnefeld mit barockem Taubenturm. Ein Traum aus Blumen, Stauden und Schaugärten ist das jährliche internationale Gartenfestival im Juni auf Schloss Ippenburg in Bad Essen. Weitere „Blumenfeste" stehen immer auf dem Programm. Klein, aber fein ist Bad Essen mit seinen wunderschönen Fachwerkhäusern und dem nahen Wald sowie jeden Herbst mit einem historischen Markt. Über Oldendorf geht es wieder Richtung Melle.

Doch vielleicht wollen Sie noch einen größeren Schlenker machen und zum Naturpark Dümmer See fahren. Wiesen, Felder und Heidelandschaft begleiten Sie und bestimmt auch so manche Schafherde, die hier friedlich grast. Ins Staunen kommen Sie möglicherweise beim Anblick der Dümmer Moorschnucke, denn diese Rasse lebt ausschließlich hier. Ein großer Artenreichtum an Pflanzen und Tieren ist im Naturpark zu entdecken und beste Wassersportmöglichkeiten bietet der Dümmer See. Und vielleicht wollen Sie in Stemshorn die Idylle noch länger genießen, und dort einige Tage übernachten, bevor es wieder „auf die Jagd geht".

GASTHAUS HUBERTUS

**Hotel Restaurant
Gasthaus Hubertus**
Familie Wiesehahn

Westerhausener Straße 50
49324 Melle-Westerhausen

Telefon 0 54 22 / 9 82 90
Telefax 0 54 22 / 98 29 29

Das nette Städtchen Melle und die Großstadt Osnabrück sind nicht weit vom Örtchen Westerhausen entfernt, in dem das
vorzügliche Gasthaus Hubertus liegt, welches Restaurant und Hotel in einem ist.
Schon 1891 wurde hier der Grundstein als
gastliches Haus gelegt, das zur Jahrtausend-
wende einen Hotelneubau erhielt. Mareile
und Volker Wiesehahn sind sich der langen
Tradition bewusst, die sie mit eigenen Ideen
und einer kreativen Küche weiterführen.
In den letzten Jahren wurde auch das Restaurant modernisiert, welches den niedersächsischen Stil mit viel Holz und Fachwerk-
elementen widerspiegelt und auf Nichtraucher sowie Behinderte eingerichtet ist.
Als Hotelbetriebswirtin sorgt Mareile Wiesehahn für den reibungslosen Ablauf in beiden Häusern und ihr Mann Volker hat
gleich mehrere Ausbildungen absolviert,
die ihm heute zugute kommen. Als Hotelfachmann, Koch und Küchenmeister bringt
er ideale Voraussetzungen mit und führt in
vierter Generation die Familientradition als
„Gastherr" fort. Der Slogan „kommen und
sich wohl fühlen" wird bei Wiesehahns
wörtlich genommen und dies spürt der
Stammgast ebenso wie der Durchreisende.
Wer hinter dem Namen Hubertus einen
Jagdkenner vermutet, der liegt richtig. Der
junge Chef geht nicht selbst auf die Jagd,
hat aber von seinem Vater Adolf, der selbst
Jäger ist, viel gelernt. So kennt er sich aus
mit den besten Zeiten für Nieder- und
Hochwild und weiß natürlich, welche Stücke am besten für die Küche geeignet sind.
Für seine Wildgerichte wird nur Fleisch aus
der heimischen Jagd verwendet und auch
die anderen Speisen werden aus regionalen
Produkten zubereitet.

Hirschroulade mit Rosenkohl und Mandelkroketten

Zutaten

800 g Oberschale aus der Hirschkeule
100 g Fleisch für Farce (feine Hackmasse)
80 g Sahne
1 Scheibe Toastbrot ohne Rinde
$1/2$ Ei
150 g Pfifferlinge und Steinpilze,
30 g Zwiebel
Gewürze

Zubereitung

Die vorbereitete Oberschale in 8 gleichschwere Scheiben schneiden und zwischen einem Gefrierbeutel plattieren. Nun die Zwiebel und die gewaschenen Pilze in feine Würfel schneiden. Zuerst die Zwiebelwürfel in Butter glasieren, dann die Pilzwürfel hinzugeben und trockendünsten zu einer Duxelles. Aus dem Hirschfleisch, der Sahne, dem Toastbrot und dem halben Ei eine Farce in der Küchenmaschine zubereiten (feine Hackmasse). Nun die Duxelles mit der Farce mischen und abschmecken. Diese Masse auf dem Rouladenfleisch verteilen und einstreichen und mit einer Rouladennadel zusammenstecken.
Die Zubereitung erfolgt ähnlich wie bei Rinderrouladen. Als Beilage empfiehlt sich Rosenkohl mit Speck und Zwiebeln, dazu Mandelkroketten. Eine gefüllte Birne darf nicht fehlen.

Volker Wiesehahn bietet ganzjährig Wild an, hält aber zusätzlich regelmäßig im Oktober und November ein Wildbüfett bereit. Besonders beliebt sind das klassische Wildgulasch mit Pfifferlingen und Spätzle oder seine Hirschroulade mit Rosenkohl. Der Hubertus-Feinschmeckerkalender sieht jeden Monat ein anderes Thema vor, wobei von alpenländischen Genüssen bis zu südländischen Varianten alles denkbar ist. Die Gäste sollen immer wieder etwas Neues entdecken können und der Küchenchef selbst liebt es, öfter etwas anderes zuzubereiten.
Außer den zahlreichen Fleischvarianten ist eine vorzügliche Fischkarte vorhanden, die von Matjes über Scholle bis zu Lachs reicht. Und auch die vegetarischen Speisen sind verführerisch, etwa Dinkelcrêpe mit Schafskäse, Oliven und Tomaten.
Festlichkeiten, Tagungen oder auch romantische Abende sind im Gasthaus Hubertus möglich, sei es in der Bauernstube, dem

Jagdzimmer oder im Hubertussaal und der Partyservice kommt direkt ins gewünschte Haus.
Wollen Sie den Sonntag einmal besonders genießen, empfiehlt sich das sonntägliche Familien-Mittagsbüfett (Kinder bis 10 Jahre sind frei) oder À-la-carte-Menü. Danach können die Kleinen sich auf dem hauseigenen Spielplatz gut austoben.

VAN DER VALK HOTEL MELLE &
RESTAURANT ZUM KRÜGERHOF

Eine niederländische Erfolgsgeschichte, die im Ausland ihre Fortsetzung fand, hat die Familie Van der Valk geschrieben.

In Melle, unweit von Osnabrück und verkehrsgünstig an der A 30 Amsterdam–Osnabrück–Hannover gelegen, steht seit 2001 das im Landhausstil erbaute Van der Valk Hotel Melle. Es ist ein willkommener Treffpunkt für private und geschäftliche Anlässe sowie heimische und ausländische Gäste, die hier wohnen oder ausschließlich tafeln möchten.

Raffinierte Speisen und hochwertige Weine zu angemessenen Preisen machen den Besuch des Restaurants Zum Krügerhof genauso interessant wie einen Abstecher in die Havanna-Bar oder einen gemütlichen Plausch auf der Südterrasse. Menüs, auch spezielle für Kinder, sowie À-la-carte-Gerichte und das sonntägliche Frühstücks-büfett verführen zum Wiederkommen. Mit dem kleinen Ausflugslokal De Gouden Leeuw im niederländischen Voorschoten legten Martinus und Riet von der Valk 1935 den Grundstein für die heutigen 79 Hotels und Restaurants, die von den Niederlanden und Deutschland bis nach Belgien, Frankreich, Spanien, Florida und zu den niederländischen Antillen reichen. 1939 entstand das erste Motel mit zehn Zimmern, 1969 gab es bereits 16 Hotels.

Das Haus in Melle ist das neunte deutsche Hotel und hier wird konsequent die Linie der ausschließlich familiengeführten Betriebe weitergeführt. Ine und Han van der Eijk, als vierte Van der Valk Generation, leiten das repräsentative Hotel, das auch im Tagungsbereich keine Wünsche offen lässt. Trotz seiner Größe mit 108 großzügig und komfortabel eingerichteten Zimmern sowie zehn wundervollen Suiten ist überall Individualität spürbar. Der Wellnessbereich bietet Entspannung und die kulinarischen Angebote geben dem Haus das i-Tüpfelchen.

Van der Valk
Hotel Melle GmbH

Wellingholzhausener Straße 7
49324 Melle

Telefon 0 54 22 / 9 62 40
Telefax 0 54 22 / 9 62 44 44

Internationale sowie regionale Spezialitäten mit saisonalen Schwerpunkten und erlesene Weine gehören zum Standardprogramm. Vor allem in der kalten Jahreszeit glänzt das Haus mit einer delikaten Wildauswahl. Rehkeule in Wacholderrahmsoße oder Entenbrust auf Portweinsoße sowie Hirschrücken im Wirsingmantel machen Appetit, aber auch Sauerampfersuppe mit Quarkklößchen oder Fischgerichte und ausgefallene Süßspeisen wie Orangenrisotto mit Gewürzkaffeeschaum überzeugen.

Chefkoch Andreas Grebing, der auf Kreuzfahrt- und Fluss-Schiffen ebenso Erfahrungen sammelte wie im Londoner 5-Sterne-Hotel Dorchester, des Sultans von Brunei, zuletzt im Osnabrücker Walhalla,

versteht es, Gourmets zu verwöhnen. Seit 2005 setzt er im Van der Valk Haus neue Akzente, unterstützt von Restaurantleiter Raymond Küppers. Jener war in mehreren Gault Millau gekrönten Häusern sowie Van der Valk Betrieben tätig.

Das Restaurant-Team gestaltet stets den passenden Rahmen, sei es beim romantischen Dinner zu zweit, einer unvergesslichen Hochzeits- und Geburtstagsfeier oder einem Firmenjubiläum. Acht Säle bieten Platz für jede Gelegenheit, bis zu 450 Personen können bewirtet werden. Und stets gilt die Devise, der schon die Großeltern Van der Valk folgten: Gutes zum redlichen Preis.

Hirschrücken im Wirsingmantel auf Portweinjus

Zutaten

700 g Hirschrücken
1 kg Farce oder Hackfleisch
1 Wirsingkopf
Salz, Pfeffer, Wacholderbeeren
600 ml Portweinjus
400 g gepellte Maronen
Brühe, Sahne und Honig nach Bedarf
600 g rote Zwiebeln
100 g Zucker
Rotwein und Portwein nach Bedarf
125 g Butter
1 Thymianzweig
6 Kräuterpfannkuchen
1 kg Champignons
100 g Zwiebelwürfel
Salz, Eier, Kräuter und Knoblauch

Zubereitung

Hirschrücken in vier gleiche Stücke schneiden, würzen, anbraten, nach dem Wenden Wacholderbeeren zugeben, kurz mit braten. Fleisch auf Küchenkrepp abtropfen lassen, kalt stellen. Die Wirsingblätter blanchieren, abtropfen lassen. Ein großes Wirsingblatt in der Mitte mit etwas Farce (oder Hackfleischmasse) bestreichen, das Fleisch darauflegen, ringsum mit Farce bestreichen, das Blatt einschlagen, mit Garn zubinden, nochmals anbraten, danach im Ofen bei 180 °C etwa 12 Minuten garen. Maronen mit Brühe und Sahne bedecken, aufkochen, mit Honig und Salz würzen, mit dem Zauberstab pürieren, durch ein Sieb passieren, etwas Butter unterheben. Für das Zwiebelconfit Zucker mit etwas Butter im Topf schmelzen lassen, dann die Zwiebeln zugeben, anschwitzen lassen, mit Port- und Rotwein auffüllen, Thymianzweig zufügen, garköcheln lassen, mit Stärke binden, mit Salz sowie Butter abschmecken. Sechs kleine Kräuterpfannkuchen herstellen, 12 Champignons als Garnitur übrig lassen. Die übrigen Pilze und Zwiebeln in Würfel schneiden, garen und restliche Zutaten beifügen. Einen Tortenring einfetten, Pfannkuchen und Zwiebelconfit schichtweise einfüllen. 15 Minuten im Ofen backen, zum Schluss die 12 Champignons als Garnitur auf die „Torte" setzen.

HÖGER'S HOTEL

machen den Aufenthalt zum Vergnügen und die kulinarischen Angebote überzeugen.

Im stilvollen eleganten Ambiente des Restaurants oder des Saals und dem etwas rustikaler gestalteten Jagdzimmer sind schnell ein paar schöne Stunden verbracht und die großzügige Terrasse ist schon bei den ersten Sonnenstrahlen begehrt. Die Höger'sche Backtradition wurde bereits von Silke Schusters Urgroßvater bekannt gemacht, der seine Torten quer durch Deutschland lieferte. Heute kommt ein Konditormeister ins Haus, der vor Ort die süßen Verführungen zaubert. Ob Flockensahnetorte (aus Brandteig), Frankfurter Kranz oder Schwarzwälderkirsch, das Kosten sollte man sich nicht entgehen lassen.

Immer wieder neue Ideen werden in der umfangreichen Speisekarte sowie in den Spezialitäten- und Sonderwochen umgesetzt. Regionale und mediterrane Einflüsse sind deutlich erkennbar und trotz der gehobenen Qualität bleiben die Preise im Rahmen. Beliebt sind die Fischspezialitäten mit Seeteufel, Zander, Dorade oder Steinbutt sowie vegetarische Varianten. „Wir verwenden ausschließlich Frischprodukte", versichert Silke Schuster, und dies schmeckt man. Bezüglich der Wildgerichte kann man sich auf die reiche Erfahrung von Brigitte und Dirk Schuster verlassen, die selbst auf die Jagd gehen. Wildschwein und Reh stehen bei den hiesigen Feinschmeckern besonders hoch im Kurs und munden gut mit einem Gläschen Wein. Rund 70 gute Tropfen sind in der Karte verzeichnet und so ist für jeden Geschmack etwas dabei.

Höger's Hotel

Kirchplatz 25
49152 Bad Essen

Telefon 0 54 72 / 94 64 0
Telefax 0 54 72 / 94 64 34

Ruhetag: Montag

Beschaulich ist der Kurort Bad Essen mit seinem historischen Ortskern und dem nahen Wald. Direkt am Kirchplatz, der mit seinen gut erhaltenen Fachwerkbauten zu den schönsten des Osnabrücker Landes zählt, liegt das charmante Höger's. Es ist Hotel, Restaurant und Café in einem. Das moderne Traditionshaus ist dank seiner hervorragenden Qualität weithin bekannt und beliebt.

Der einstige Bauernhof war schon 1512 in Familienbesitz und wurde ab 1825 als Restaurant mit Bäckerei und Konditorei geführt. Diese Wurzeln sind heute noch – in der siebten Generation – spürbar. Brigitte Schuster sowie Tochter Silke bieten den Gästen, gemeinsam mit ihren Mitarbeitern, im Hotel- sowie „Schlemmerbereich" immer etwas Besonderes. Eine Suite und 18 Zimmer mit gehobenem 3-Sterne-Komfort

Fleisch bei 160 °C ca. 6–8 Minuten im Ofen rosa garen, herausnehmen und mit den Aromaten in Alufolie gewickelt im 50 °C heißen Ofen ruhen lassen. Das Öl aus der Pfanne schütten, Butter hineingeben, die Schalotten darin 2–3 Minuten anschwitzen. Mit Rotwein und Portwein ablöschen. Orangenschale und Saft zugeben und etwa 3 Minuten einkochen lassen. Johannisbeergelee hinzufügen und aufkochen, mit Salz und Pfeffer würzen. Vom Herd nehmen und den Senf unterrühren. Rehrücken aus der Folie nehmen, in Tranchen schneiden und mit der Sauce, den Schwarzwurzeln und Schupfnudeln servieren.

Schwarzwurzelgemüse:

Rehrücken mit Pfannen-Cumberlandsoße und Schwarzwurzeln

Zutaten

3 Knoblauchzehen
1–2 TL Pfefferkörner
2 Rehrücken à 350 g, ausgelöst
2 EL Öl
2 Rosmarinzweige
2 Schalotten
30 g Butter
100 ml trockener Rotwein
50 ml Portwein
abgeriebene Schale und Saft
einer unbehandelten Orange
2 TL Johannisbeergelee
1 TL scharfer Senf

Zubereitung

Knoblauchzehen zerdrücken, Schalotten fein würfeln. Die Rehrücken salzen und mit Pfeffer aus der Mühle würzen. Zusammen mit den Rosmarinzweigen und dem Knoblauch in Öl anbraten. Anschließend das

Zutaten

800 g Schwarzwurzeln
Salz
Pfeffer aus der Mühle
2–3 Schalotten
30 g Butter
5 EL Marsalla oder Madeira
100 ml Schlagsahne
1 EL Zitronensaft

Zubereitung

Die Schwarzwurzeln schälen, in Scheiben schneiden und in kaltes Wasser mit Zitronensaft legen. Die Schalotten pellen und fein würfeln, in Butter anschwitzen und die Schwarzwurzeln zugeben. Sahne angießen, aufkochen und bei mittlerer Hitze etwa 3–4 Minuten einkochen lassen. Mit Salz, Pfeffer sowie etwas Zitronensaft und Marsalla würzen.

Die Kulinarik und der Service bieten eine gute Symbiose und Silke Schuster bringt nach ihren „Wanderjahren" jetzt ihre vielfältigen Erfahrungen als Hotelfachfrau ein. Im Marriott Hotel Treudelberg in Hamburg wurde sie ausgebildet, Aufenthalte in Spitzenhäusern in Südfrankreich und der Schweiz sowie zuletzt im berühmten Hotel Bareiss in Baiersbronn folgten und so bildet sie gemeinsam mit ihrer Mutter Brigitte ein Team, das weiß, wie man Gäste verwöhnt.

HOTEL RESTAURANT NIEMANN LECKERMÜHLE

**Hotel Restaurant Niemann
Leckermühle**

Leckermühle 7
49163 Bohmte

Telefon 0 54 73 / 13 66
Telefax 0 54 73 / 85 72

Ruhetag: Montag

Romantisch wirkt das schöne Fachwerk-
haus, welches Familie Niemann als Leckermühle seit über 100 Jahren nahe Bohmte,
im Osnabrücker Land, führt. Und auch im
Innern fühlt man sich, umgeben von viel
Holz, schnell wohl. Der ungekünstelte Stil
und die schmackhaften Gerichte geben
dem Namen, der ursprünglich vom Grund-
besitzer Uthoff zu Lecker stammt, eine
doppelte Bedeutung. Die gutbürgerlichen
ebenso wie die französischen kulinarischen
Überraschungen sind lecker.

Die verschiedenen Räume von der altdeutschen Stube über die Römerstube, das
Kaminzimmer und den blauen Salon bieten
nicht nur Abwechslung für Stammgäste,
sondern sind auch für kleine Feiern gut
geeignet. Für größere Festivitäten steht ein
Festsaal bis 160 Personen zur Verfügung,
nach dem Motto „immer offen für geschlos-
sene Gesellschaften". Nicht nur im Sommer,
wenn die grün umrankte Terrasse lockt, ist
das Haus ein Traumpartner für die Hochzeit oder andere wichtige Ereignisse. Klaus
und Andrea Niemann sowie die Seniorin
Annelore Niemann verstehen es, Gäste zu
verwöhnen. Neben den eigenen Kindern
Mara-Sophie und Mathis sollen auch andere

Kleine sich hier wohl fühlen, dazu tragen
Kinderteller und Sandkasten sowie ein
kleines Karussell bei.

Ob beim Essen zu zweit oder in einer
größeren Runde, jeder kann hier die gepflegte und stilvolle Atmosphäre und die
Küchenvielfalt genießen. Für Alleinrei-
sende oder kleinere Reisegruppen bietet
die Leckermühle Unterkunft in ihren gemütlichen Hotelzimmern.

Klaus Niemann schnupperte in mehrere
Betriebe vom Süden bis Norden und dies
macht sich in seiner Karte bemerkbar. Von
Meeresfrüchten über Gänsespezialitäten

bis zu Spargelkompositionen reicht seine Karte und der passionierte Jäger hat ganzjährig Wildspezialitäten auf der Karte.

Alle sechs bis acht Wochen wechseln die Gerichte – abgesehen vom Standardsortiment – und regionale sowie saisonale Schwerpunkte prägen seine Planung.

Im Jagdbezirk findet der junge Gastronom nicht nur einen Ausgleich zum Beruf, sondern er liebt auch den intensiven Kontakt zur Natur. Vorwiegend Fasane, Wildenten, Rehe oder Hasen und Wildschweine aus der Umgebung werden anschließend fachmännisch zubereitet und ergeben köstliche Speisen.

Gern erklärt er Interessierten was zu beachten ist, damit das Fleisch den typischen Geschmack behält, dabei aber zart bleibt. Damwild beispielsweise habe ein besseres Aroma, wenn die Tiere im Freien lebten und nicht in einem Gehege.

Hasenrücken in Wirsing-Speckmantel

Zutaten

4 Blätter Wirsing, groß, hellgrün
2 Stück Wild (Hasenrücken) zu je 600 g
150 g Bauchspeck
1 Zwiebel
1 kleine Knolle Sellerie oder ein Stück einer großen
1 Karotte
12 Wacholderbeeren
1 Zweig Thymian
1 Lorbeerblatt
50 g Tomatenmark
2 Schalotten
100 ml Wein (Spätburgunder)
100 g Butter
200 g Schweinenetz

Zubereitung

Wirsingblätter in 2 l Salzwasser blanchieren, abtropfen lassen, den Stiel etwas flach schneiden, kurz aufkochen. Hasenrücken häuten, Filets von den Knochen lösen. Knochen zerkleinern, in etwas Öl kräftig anrösten und die gewürfelte Zwiebel, Sellerie, Karotte und Tomatenmark dazugeben, im Ofen etwa eine halbe Stunde durchrösten, bis alles gebräunt ist. In einen Topf umschütten, Gewürze dazugeben. Den Bodensatz mit etwas Wasser ablösen, zu den Knochen geben, mit etwa 2 l Wasser bedeckt etwa drei Stunden kochen lassen, durch ein Sieb gießen und auf $1/2$ l einkochen. Schalotten fein würfeln, mit dem Burgunder begießen und bis auf 4 EL einkochen lassen, mit Salz und Pfeffer würzen. Den Wildfond dazugießen, auf etwa 200 ml einkochen lassen, durch ein Sieb gießen, mit der Butter abschmecken. Hasenfleisch mit Salz und Pfeffer würzen. Butter und Öl in einer Pfanne heiß werden lassen, die Filets darin ringsum kurz anbraten. Filets in die dünn geschnittenen Bauchspeckscheiben und die vorbereiteten Wirsingblätter einrollen. Dann die einzelnen Filets in Schweinenetze einwickeln. Im heißen Backofen bei 225 bis 250 °C etwa sechs Minuten braten, danach im warmen Ofen etwas ruhen lassen. In schräge Scheiben schneiden, anrichten, mit etwas Soße umgießen, mit jungem Gemüse garnieren.

Ob beim beliebten Wildgulasch oder der Entenbrust, die kleinen Kniffe und das richtige Würzen tragen zum guten Ergebnis bei, das man hier gut testen kann, als Kenner oder Neuling der „wilden Küche". Wunderbar ist beispielsweise der Hasenrücken in Wirsing-Speckmantel, dessen Zubereitung Klaus Niemann verriet. Die passenden Weine oder ein zünftiges Bier gehören natürlich zur ansprechenden Karte und, nicht zu vergessen, ein guter Service, den Andrea und Annelore Niemann gemeinsam mit ihren Mitarbeitern bieten.

Und sollte die gute Küche außer Haus gewünscht werden, der Niemann-Catering-Service steht gern bereit.

LANDGASTHAUS UND HOTEL GIESEKE-ASSHORN

Landgasthaus und Hotel
Gieseke-Asshorn

Bremer Straße 55
49163 Bohmte

Telefon 0 54 71 / 9 58 00
Telefax 0 54 71 / 95 80 29

Die Ortschaft Bohmte und das Landgasthaus sind geschichtlich eng miteinander verwurzelt. Das Gelände gehörte einst zum Kloster Iburg und schon im 16. Jahrhundert gab es hier einen Gasthof. Im Familienbesitz Gieseke-Asshorn ist es seit 1794. Romantisch und gemütlich ist das Anwesen heute, mit hübschen Hotelzimmern und einem guten Restaurant. Brigitte und Friedrich-Wilhelm Asshorn pflegen die Tradition und verschließen sich nicht neuen Einflüssen.

An die wechselvolle Geschichte wird gern erinnert und so gibt es den Schwakensaal (in Anlehnung an das einstige Halberbe Schwake) oder die Kapitänskajüte und die Kutscherstube. Ob im großen Restaurant, im Saal oder den Stübchen, überall weht ein Hauch Nostalgie. Die Gemütlichkeit genießen Touristen ebenso wie geschäftliche Besucher und gern wird in den Räumen sowie auf der großzügigen Terrasse gefeiert. Besonders anziehend ist der herrliche parkähnliche Garten, der Platz für rund 200 Gäste bietet. Vor allem der so genannte Hochzeitsgarten ist wunderbar und wird gern auch für Empfänge genutzt. Auch bei der Küche greift Familie Gieseke-Asshorn gern auf Bewährtes zurück, aber auch neue Kreationen fehlen nicht. Die regionale Küche wird kombiniert mit frischen Ideen und bewegt sich zwischen gutbürgerlich und erlesen. Bekannt ist sie für ihre vorzüglichen Wildgerichte, die vor allem in den Wintermonaten angeboten werden. Eine seltene Spezialität, die hier regelmäßig auf die Karte kommt, ist die Dümmer Moorschnuckenkrone.

Rund um den Dümmer See wird die Moorschnucke gehalten. Ein Grund dafür ist die Erhaltung des ökologischen Gleichgewichtes des Moores. Das Fleisch ist geschmackvoll und ein Zwischending aus Wild und Lamm. Am besten, Sie testen es selbst ...

Ausschließlich deutsches Wild wird verarbeitet, zumal Friedrich-Wilhelm Asshorn selbst auf die Jagd geht. Hirsch, Reh und Hase aber auch Fasane werden gern zu delikaten Gerichten verarbeitet und ein gutes Tröpfchen Wein wird gern dazu empfohlen.

Wechselnde Spezialitätenbüfetts vom Spargel- über Fisch- oder Ostfriesenbüfett bis zu italienischen oder asiatischen Wochen bringen Vielfalt auf den Tisch. An Werktagen sorgt ein Business-Lunch für schnelles Essen mit Pfiff. Eine gute Idee, nicht nur für Paare, sind die monatlichen Candle-Light-Dinner und die sonntäglichen Familienmenüs. Großer Beliebtheit erfreut sich auch der winterliche Weinstammtisch mit Verkostung und korrespondierenden Menüs. Und möchten Sie das nahe Osnabrück oder die schöne Umgebung näher kennen lernen, bieten sich die liebevoll eingerichteten Hotelzimmer zum Bleiben an.

Dümmer Moorschnuckenkrone mit Kräuterkruste auf Tomatenjus

Zutaten

2 Stück Moorschnuckenkrone à 500 Gramm
80 g entrindetes, geriebenes Weißbrot
10 g Kräuter (Thymian, Rosmarin, Petersilie, Basilikum), frischer Knoblauch,
Salz, Pfeffer
1 kleine Zwiebel
je 50 g Karotten, Lauch, Sellerie
2 EL Tomatenmark
1/8 l Rotwein
1/4 l Brühe
2 Tomaten
400 g Kartoffeln
200 g Sahne
40 g Butter
300 g Filetböhnchen

Zubereitung

Die Moorschnuckenkrone in Olivenöl scharf anbraten. Das geriebene Weißbrot mit zerkleinerten Kräutern, Knoblauch, Gewürzen und Butter verrühren. Die Kräuterkruste auf dem Fleisch fest andrücken. Bei 180 °C im Ofen 10 Minuten backen. Das zerkleinerte Gemüse in Butter anbraten, würzen. Tomatenmark zufügen, mit Rotwein ablöschen. Brühe zugeben und auf die Hälfte einkochen lassen. Den Fond durch ein Sieb streichen, Tomatenstücke zufügen. Als Beilage Kartoffelgratin und Filetböhnchen.

ALTES FORSTHAUS GUT ARENSHORST

„Sous Chef" mit seinen Künsten acht Jahre lang in einem Osnabrücker Ein-Stern-Restaurant bei Feinschmeckern für Begeisterung. Auch der gleichnamige Golfclub hat sich hier niedergelassen.

Im Alten Forsthaus kann man die wunderschöne Arenshorster Umgebung auch kulinarisch erleben, denn der Chef de Cuisine verwöhnt seine Gäste mit regionalen Produkten. Die eigene Landwirtschaft, das zum Gut gehörende Jagdrevier und die Jagdschule sowie die nahen Forellenteiche sorgen für reichhaltigen, stets frischen Nachschub. Der Küchenchef ist in der typisch niedersächsischen Küche ebenso zuhause wie in der mediterranen. Das Carpaccio vom Rind mit Basilikumsoße, Red Snapper auf grünem Spargel mit Zitronengrassoße oder Hirsch- und Rehfilet mit frischen Waldpilzen begeistern. Frische und Leichtigkeit verdeutlichen die Handschrift von Carlos Peixoto, der sich auch gern mal zu den Gästen gesellt, um einen kurzen „Klönschnack" zu halten. Ob ein sommerliches Stück Erdbeertorte oder ein leckeres Wildgericht nach einer Herbstwanderung: Hier wird jedem Geschmack entsprochen. Freundliche Mitarbeiter und eine große Sonnenterrasse mit Blick auf den Golfplatz bieten Urlaubsatmosphäre.

Rund um das Gut wurde vor einigen Jahren der hochwertige 18-Bahnen-Golfplatz angelegt. Das 100 Hektar große Golfareal ist optisch und spielstrategisch reizvoll und

Umgeben von buntem Mischwald, satten Wiesen, Hecken und Bachläufen liegt das alte Rittergut Arenshorst mit seiner Fachwerkkirche aus dem frühen 18. Jahrhundert. Im ehemaligen Forsthaus von Arenshorst ist heute ein Restaurant mit viel Atmosphäre zu finden. Wer leichte und feine Gerichte in einem ländlich-stilvollen Ambiente genießen möchte, ist im Arenshorster „Alten Forsthaus" an der richtigen Adresse. Carlos Peixoto schwingt hier seit 2004 als Küchenchef den Kochlöffel. Davor sorgte er als

Altes Forsthaus
Gut Arenshorst

Am Leckermühlbach 2
49163 Bohmte / Gut Arenshorst

Telefon 0 54 71 / 95 25 29
Telefax 0 54 71 / 9 52 52 19

Ruhetage: Montag, Dienstag

ganzjährig bespielbar. Könner und Neulinge trainieren hier.

Auch kulturell hat Arenshorst viel zu bieten. In der alten Fachwerkkirche finden regelmäßig viel beachtete Konzerte und Lesungen statt. Auf Arenshorst werden somit alle Sinne angesprochen.

Das „Alte Forsthaus" wird häufig auch für Festlichkeiten oder Seminare genutzt. Mit allem Komfort ausgestattete Ein- bis Drei-Zimmer-Appartements auf dem Hof des Rittergutes und Zimmer sowie Clubräume im Forsthaus laden zum Verwöhnurlaub ein.

Rehrücken in Blätterteig mit glasierten Äpfeln und Bohnen

Zutaten

1 kg Rehrückenfilet
Salz, frisch gemahlener Pfeffer
2 EL Öl
Farce:
100 g Geflügellebern, 40 g Butter
1 kleiner Apfel, gewürfelt
100 g Steinpilze, gewürfelt
2 cl Madeira
je 100 g Rehfleisch, fetter Speck
Salz, Pfeffer
250 g Blätterteig, 1 Eigelb
Soße:
Knochen und Sehnen des Rehrückens
3 El Öl, 25 weiße Pfefferkörner
20 g Butter, 1 kleine Zwiebel
2 Schalotten
je 50 g Karotte, Knollensellerie
4 Thymianzweige
2 Lorbeerblätte
10 zerdrückte Wacholderbeeren
$1/8$ l Weißwein
$1/4$ l Crème double
1 EL Cognac
1 TL Preiselbeeren
15 g Blauschimmelkäse

Beilagen:
250 g grüne Bohnen
2 Zweige Bohnenkraut, Salz
50 g gekochter Räucherspeck
2 mittelgroße Äpfel, z.B. Boskoop
30 g Butter
1 EL Puderzucker

Zubereitung

Die vorbereiteten Rehfilets kurz anbraten, abkühlen lassen. Geflügellebern säubern, in Butter sautieren. Apfel- und Pilzstücke in Butter andünsten, Madeira zugießen und einkochen. Restliches Rehfleisch und Speck würfeln, mit gestoßenem Eis im Blitzhacker zu einer glatten Farce pürieren, Lebern, Apfel-, Pilzwürfel, Cognac zugeben, würzen. Etwa 30 Minuten in den Kühlschrank stellen. Blätterteigstücke mit Farce und Rehfilets füllen. Teig am Rand und außen mit Eigelb bestreichen. Im vorgeheizten Ofen bei 220 °C in 15–20 Minuten goldbraun backen.

Die Soße zubereiten, nach dem Reduzieren Crème double und Cognac zugeben, köcheln bis sie gebunden ist. Jetzt Preiselbeeren und Käse zugeben, erhitzen. Bohnen bissfest garen, in zerlassenen Speckwürfeln schwenken. Butter und Puder-zucker karamellisieren lassen, die geschälten Apfelachtel darin goldgelb braten.

TIEMANN'S HOTEL & BOARDING HOUSE

Altes Leinen, Antiquitäten und moderne Kunst bilden den optischen Rahmen für kulinarische Erlebnisse in Tiemann's Restaurant. Kreativ und immer wieder überraschend anders interpretiert Fred Böckmann mit der ambitionierten Küchencrew seine Ideen von einer regionalen, mediterran inspirierten Küche. Die nur noch in dieser Region gezüchtete „Dümmer Moorschnucke" variiert er als Saltimbocca mit Ratatouillegemüse, den Maibock umgibt er mit einer aromatischen Pfeffer-Kirschsoße und natürlich fehlen auch die maritimen Freuden nicht – dank Dümmerhecht und frischer Krabben ...

Die urbane Gaststube ist Treffpunkt für Freunde herzhaft rustikaler Speisen, fröhliche Gesprächsrunde inklusive. Stilvoll feiern kann man vorzüglich im großen Wintergarten und sommertags ist der Genuss im Freien besonders beliebt. Lukullisches Frühstück auf der Terrasse, verführerische Torten im traumhaften Garten, zünftiger Grillabend unterm Sternenhimmel, was will man mehr?

Tiemann's Hotel
Fam. Tiemann-Eickhoff
Christian Hodde

Vor der Brücke 26
49448 Lemförde/Stemshorn

Telefon 0 54 43 / 99 90
Telefax 0 54 43 / 9 99 50

Tiemann's Boarding House
Hotel Garni
Christian Hodde, Lara Dolezik

Espohlstraße 9
49448 Lemförde

Telefon 0 54 43 / 20 47 57
Telefax 0 54 43 / 20 47 58

Blühende Wiesen und Birkenhaine, lebendige Strandatmosphäre oder mystische Moorlandschaften – seltene Vögel und geschützte Pflanzen: Der einzigartige Naturpark Dümmer See im Dreieck Bremen–Diepholz–Osnabrück lockt zu jeder Jahreszeit mit idyllischen Refugien. Der „Dümmer", zweitgrößter Binnensee Niedersachsens, ist wie geschaffen für eine Auszeit samt Wassersport und Naturexkursion, Radtour oder Golfparcours. Herrlich gelegen sind das komfortable 4-Sterne-Haus Tiemann's Hotel oder das attraktive Boarding House von Familie Eickhoff-Hodde. Der junge Hotelchef Christian Hodde, seine Frau Lara Dolezik und das sympathische Team sorgen für eine entspannte und rundum genussvolle Atmosphäre. Ob ein romantisches Wochenende oder konzentrierter Businesstermin, unter dem altehrwürdigen Dach lässt es sich behaglich tagen und nächtigen. Abwechslungsreich und sehr persönlich im Landhausstil ausgestattete Zimmer, Sauna & Solarium, moderate Preise und der weite Blick ins Grüne verführen schnell zum Längerbleiben.

Gut wohnen lässt es sich fast vis-à-vis
im Boarding House. Puristisch, klar
und konsequent ist das Konzept des
Hotel Garni im ehemaligen Diakonis-
sen-Domizil. Durch den Charme des
historischen Gebäudes, kombiniert mit
zeitgenössischem Design und Kommuni-
kationstechnologie, werden die Zimmer,
Juniorstudios und Appartements (mit
eigener Küche) schnell zum Refugium
moderner Wandervögel.

OSNABRÜCK – FRIEDENSSTADT MIT HISTORISCHEM KERN

Als Zentrum des Osnabrücker Landes und im Herzen des Terra.vita Naturparks gelegen, ist Osnabrück mehr als eine Reise wert. Vor allem aber wurde hier 1648 bedeutende Geschichte geschrieben. Es war der erste europäische Friede, bekannt als „Westfälischer Friede". Die Verträge wurden in Osnabrück und Münster geschlossen. Zahlreiche Schauplätze und Aktivitäten würdigen dieses wichtige Ereignis und tragen den Friedensgedanken weiter. Die malerische Altstadt, die Stadtmauer und das Heger Tor lassen die Vergangenheit weiterleben. Stadtparks und moderne Einkaufsstraßen vervollständigen das attraktive Stadtbild.

Möchten Sie mehr über den fünf Jahre dauernden Friedenskongress und seinen berühmten Abschluss erfahren, gibt es entsprechende Stadtführungen. Vieles können sie zudem auf der Seite „Friedensreitergeschichte" und im Kapitel „Münster" lesen. Mit dem Rad können Sie beide Städte auf der Friedensroute kennen lernen. Doch zurück zur Spurensuche in Osnabrück. Das historische Rathaus und der Friedenssaal würdigen die Abschlüsse. Nachdenklich stimmt das Felix-Nussbaum-Haus, das 1998 eröffnete. Die umfassendste Kunstsammlung des in Osnabrück geborenen und in Auschwitz ermordeten jüdischen Malers hat hier einen würdigen Platz gefunden. Fast jeder Schüler kennt den Roman „Im Westen nichts Neues" des weltberühmten Schriftstellers Erich Maria Remarque, dessen Geburtsstätte ebenfalls Osnabrück war. Eine umfassende Sammlung seiner literarischen und biografischen Dokumente ist in dem nach ihm benannten Friedenszentrum zu sehen. Der Remarque-Friedenspreis für Schriftsteller wird in der Stadt vergeben und internationale Friedensgespräche finden hier statt.

Im prächtigen, ehemals kurfürstlichen Schloss ist heute die Universität, der weitläufige Garten lädt zum Bummeln ein. Seit 783 ist Osnabrück offizieller Bischofssitz und der spätromanische Dom St. Peter immer einen Besuch wert. Die Altstadt mit

ihren Fachwerkbauten ist vor allem an sommerlichen Abenden romantisch und oftmals finden kulturelle Veranstaltungen statt. Im Sommer bereichern Kleinkünstler, Schauspieler und Musiker die Innenstadt unter dem Motto Osnabrücker Samstage. Beim Tourismusverband Osnabrücker Land (in der Altstadt) gibt es genauere Informationen.

Kulturelle Höhepunkte bieten die Kunsthalle Dominikanerkirche, das naturkundliche Museum am Schölerberg oder das Museum Industriekultur, um nur einige zu nennen. Viele gastronomische Angebote,

finden Sie als Empfehlung. Um beim Thema Essen zu bleiben: Der Trend zur leichten Küche und zu regionalen Spezialitäten ist unverkennbar. Herrliche Kartoffelgerichte, wie „Pickert" – ehemals ein Arme-Leute-Essen – oder Grünkohl, auf moderne Art serviert, wecken den Appetit ebenso wie köstliche Wildgerichte.

Gern verwenden die Küchenchefs heimisches Wildbret. Einige verrieten ihre Rezepte, wie Rehrücken mit Schwarzwurzeln, Wildkaninchen-Terrine, Hirschroulade mit Mandelkroketten oder Fasanenbrüstchen mit Kartoffelzopf. Beim Blättern werden

vom einfachen Gasthof bis zum Sternekoch und ansprechende Geschäfte verleiten zum Bleiben. Für ausgedehnte Spaziergänge eignet sich das Naherholungsgebiet Heger Holz, nur einen Katzensprung vom Zentrum entfernt. Mit Kindern sollte der Programmpunkt Osnabrücker Zoo nicht fehlen.

Die vielfältigen Gesichter der Stadt und das abwechslungsreiche Umland sind immer wieder reizvoll. Einige komfortable Hotels und überzeugende Restaurants

Sie bestimmt ein Gericht finden, das sich leicht nachkochen lässt und bestens mundet. Sind Sie bislang noch kein Freund „wilder" Gerichte ist eine Beratung im Restaurant empfehlenswert.

Zwar ist allgemein bekannt, dass Hirsch intensiver schmeckt als Reh und Wildtaube auch Nichtkenner überzeugt.

Doch die Zubereitungsart ist entscheidend. Als Einstieg versucht man vielleicht eine Wildbouillon oder nimmt eine Blätterteigumhüllung, tastet sich dann weiter vor …

TOURISMUSVERBAND OSNABRÜCKER LAND

Osnabrück

Besagter Naturpark Terra.vita ist ein Groß-schutzgebiet und Mitglied im UNESCO Geopark-Netzwerk. Stolze 300 Millionen Jahre hat er auf dem Buckel, von Altersbe-schwerden kann jedoch keine Rede sein. Jung und frisch ist nicht nur die regionale Küche des Osnabrücker Landes, sondern auch das Angebot für Freizeitangebote quer durch die Region. Das ebene Land mit den sanften Höhenzügen des Teutoburger Wal-des und Wiehengebirges ist für Wanderer, Radfahrer und Reiter ein wahrer Schatz. Im Naturpark sind 70 Prozent bewaldet und durch die vielen Laubarten sind die Bäume eine Augenweide. Stille Moore und Fluss-auen sowie blühende Wiesen und Äcker begeistern nicht nur „Stadtkinder". Wanderer finden neben den überregionalen „Erlebniswegen" zum Beispiel den „Müh-lenweg" durch das Wiehengebirge mit neun Wasser- und zwei Windmühlen, die teil-weise noch in Betrieb sind. Den Teuto-burger Wald lernt man intensiv kennen auf dem „Ahornweg", der unter anderem die Heilbäder Rothenfelde, Laer und Iburg streift. Wer eine Woche oder mehr auf

Schloss Iburg

**Tourismusverband
Osnabrücker Land**

Krahnstraße 52/53
49074 Osnabrück

Telefon 05 41 / 9 51 11 95
Telefax 05 41 / 9 51 11 20

Ruhetag: Sonntag

Kennen Sie eine Großstadt, die mitten in einem Naturpark liegt? Kein Aprilscherz, die gibt es tatsächlich. Als Friedensstadt Osnabrück ging sie in die Geschichte ein und hat historisch wie kulturell vieles zu bieten. Mitten in der Altstadt mit ihren lauschigen Plätzen ist auch der Tourismus-verband Osnabrücker Land, der viele Rad- und Wander-Routen ausgearbeitet hat und Pauschalarrangements offeriert, sei es zu Schlössern, Heilbädern oder Naturerleb-nissen.

Schusters Rappen unterwegs sein möchte, kann auf dem „Friesenweg" – von Osnabrück über Bersenbrück, Haselünne bis zum emsländischen Papenburg – viele historische Orte und Naturschönheiten passieren. Übernachtungen, auf Wunsch mit Halbpension, sowie Wellness-Angebote können als Paket beim Tourismusverband mit gebucht werden.

Das komfortable Radwegenetz umfasst 2500 Kilometer und bietet kontrastreiche Landschaften und Sehenswürdigkeiten. Auf den gebuchten „Strampeltouren" sind die Unterkünfte und der Gepäcktransfer inbegriffen. Man kann Tagesetappen zwischen 25 und 75 Kilometer auswählen, dabei immer mit der Natur in Kontakt bleiben. Am Wegesrand liegen Herrensitze, Schlösser und die herrlichen Bauernhöfe im Artland sowie weitere Sehenswürdigkeiten, wie das Gelände der legendären Varus-Schlacht mit Museum und Park Kalkriese, das Tuchmacher-Museum in Bramsche oder die Saurierfährten in Bad Essen. Überall kann man einkehren, sei es zum Schinkenbrot und Tortenstück im Bauernhofcafé oder zum kräftigen Mittagessen in einem einfachen Gasthof oder einem gehobenen Restaurant.

Auf der Hase kann man gemächlich paddeln, die Muskeln spielen lassen bei Draisinenfahrten zwischen Fürstenau und Quakenbrück. Wasserratten sind im Naturpark Dümmer richtig oder am Alfsee mit Surf- und Wasserskiangebot. Internationale Reiterfestivals, Pferderennen und Reitertage locken in Hagen am T.W., Quakenbrück sowie Bissendorf. Musikbegeisterte finden immer ein Event, sei es in klösterlicher Kulisse oder beim „Sommer in der Stadt", dem „Juli-August-Schauspiel", das Kleinkunst und Musik in der historischen Flaniermeile Osnabrücks bietet. Und sollten Sie ein Blumenfreund sein, dann dürfen Sie die „Gartenschauen" auf Schloss Ippenburg, bei Bad Essen, keinesfalls auslassen. Auskünfte dazu gibt es beim Tourismusverband, die Auswahl müssen Sie jedoch allein treffen ...

Osnabrück

Osnabrück

HOTEL WESTERKAMP

man sich hier auf Übernachtungsbesucher genauso wie auf Feinschmecker einstellt. Mitte des 18. Jahrhunderts war die Bremer Straße eine wichtige Verbindung für Boten und Marktwagen aus dem „Wittlagischen" in die Stadt. So bot es sich an, hier ein Fuhrunternehmen mit Pferdeversorgung und Beherbergung sowie Schankwirtschaft zu eröffnen. Bäckermeister Bernhard Westerkamp nahm allen Wagemut zusammen und gründete 1860 diesen Betrieb. Offenbar war er ein richtiges Energiebündel, denn gleichzeitig führte er noch einen Kolonialwarenladen und eine Neubrauerei. Könnte er das heutige Komforthotel sehen, er würde sicher ehrfürchtig staunen, wie gut die rührigen Nachfahren seine Dienste ausgebaut haben. Fast hätte es nicht geklappt, denn das Schicksal schlug einige Male zu, doch die familiäre Kampfbereitschaft ließ sich nicht unterkriegen.

In der fünften Generation leitet Heinz-Bernhard Westerkamp heute, gemeinsam mit seiner Familie, das attraktive Haus. Trotz seiner über 50 Zimmer und einiger Appartements ist die Atmosphäre sehr persönlich und erholsam. Viele Stammgäste, auch aus dem Seminarbereich, wissen dies zu würdigen.

Zum Schlemmen und Entspannen trifft man sich im Spezialitätenrestaurant Heinrich's. Bei gedämpftem Licht, freundlich umsorgt,

Hinter der modernen Fassade des Vier-Sterne-Hotels Westerkamp steckt ein Traditionsbetrieb, der anspruchsvolle Tagungsgäste und Urlauber gleichermaßen zufrieden stellt. „Mehr als 140 Jahre Kompetenz zum Wohle des Gastes", ein Slogan, der bestens charakterisiert, wie gut

Hotel Westerkamp

Bremer Straße 120
49084 Osnabrück

Telefon 05 41 / 9 77 70
Telefax 05 41 / 70 76 21

94

Crêpe-Röllchen mit Ziegenfrischkäse und Minzsoße

Zutaten

200 g Ziegenfrischkäse
50 ml Sahne
Salz, Pfeffer
je 80 g gelbe und rote Paprikaschote
60 g gekochter Schinken, in 3 mm dicken Scheiben
2 gebackene Crêpes, je 22 cm Durchmesser

50 g frische Minze
40 g brauner Zucker
60 ml feiner Weinessig
75 ml Wasser
1 TL Zitronensaft
$1/4$ TL Speisestärke
1 Messerspitze Salz
Minzblättchen zum Garnieren

werden die Kochkünste des Küchenmeisters zum krönenden Tagesabschluss. Regionale und internationale Köstlichkeiten werden frisch und in immer wieder neuen Variationen serviert. Ob Lachsroulade oder Lammrücken mit frischem Gemüse oder Caramelparfait mit Armagnacpflaumen, der Kreativität sind keine Grenzen gesetzt. Gelüstet es Sie nach Bratkartoffeln mit Speck? Kein Problem, auch Deftiges ist hier nicht verpönt ... Das Genießen fällt in dem wohltuenden Ambiente nicht schwer. Für größere Feiern warten wunderschöne Festräume auf die kleine oder größere Gästeschar.

Rustikaler ist es in der Bierstube Ton Outspan'n, die, wie der Name schon sagt, vor allem eines möchte, Ruhe nach der Tageshektik bieten. Beim „Klönschnack" wird so manches Ärgernis schnell vergessen und das frisch gezapfte Bier schmeckt stets nach mehr. Wollen Sie lieber sportlich aktiv werden? Im großzügigen Fitness- und Saunabereich werden Sie fündig und auch im Whirlpool ist stets ein Plätzchen frei.
Die Rundum-Wohlfühl-Atmosphäre gefällt und lässt fast vergessen, dass Osnabrück ein interessantes Ziel für geschichtlich oder kulturell Interessierte ist, zudem mit guten Einkaufsmöglichkeiten glänzt. Waren Sie schon dort ...?

Zubereitung

Ziegenkäse mit Sahne glatt rühren, mit Salz und Pfeffer würzen. Geschältes Fruchtfleisch der Paprika und den Schinken in dünne Streifen schneiden. Die Crêpes mit der Hälfte der Käsecreme bestreichen, abwechselnd mit Paprika- und Schinkenstreifen belegen, die Crêpes eng aufrollen, in Folie wickeln und sehr gut kühlen. Die Minze waschen, trockenschütteln, Blättchen abzupfen und grob hacken. Mit der Hälfte des Zuckers im Mörser fein zerreiben. Den übrigen Zucker (20 g) mit dem Essig, Wasser und Zitronensaft aufkochen, bis die Flüssigkeit klar ist. Mit der Speisestärke binden, Minze zufügen, salzen und erkalten lassen. Die Soße durch ein Sieb passieren. Die gefüllten Crêpes aus der Folie nehmen, leicht schräg in 6 gleich große Stücke schneiden. Je ein Röllchen auf einen Amusebouche-Löffel setzen, Minzsoße dazugießen und mit frischer Minze garnieren.

PARKHOTEL OSNABRÜCK
ALTES GASTHAUS KAMPMEIER

Parkhotel Osnabrück
Altes Gasthaus Kampmeier

Edinghausen 1
49076 Osnabrück

Telefon 05 41 / 94 14 0
Telefax 05 41 / 9 41 42 00

Mitten im Grünen und doch nahe der Stadtmitte schmiegt sich das Parkhotel Osnabrück mit dem Alten Gasthaus Kampmeier dicht an das Naherholungsgebiet Heger Holz. Bei dieser schönen Umgebung lässt sich Ruhe tanken in 90 komfortablen Zimmern und die Küche hält, von der Brotzeit bis zum mehrgängigen Menü, alles bereit, was dem Gaumen schmeichelt. Annette Klöker führt den Traditionsbetrieb seit Jahrzehnten mit sicherer und geschickter Hand, versteht es, vom Spaziergänger bis zum Geschäftsreisenden für jeden ein angenehmes Ambiente zu schaffen.

Die ideale Lage unweit des Waldes und Rubbenbruchsees sowie der Wander- und Reitwege wurde schon Anfang des 19. Jahrhunderts von den Osnabrückern geschätzt, die gern im Alten Gasthaus Kampmeier zum legendären Schinkenbrot einkehrten. Ein Teil dieser Gaststätte ist noch immer erhalten und mit dem später angebauten Hotel zu einem stattlichen Komplex verbunden, der alle modernen Anforderungen erfüllt. Hallenbad, Sauna und Kegelbahn sorgen für Unterhaltung und die Konferenzräume sind mit modernster Technik ausgestattet.

Fasanenbrüstchen auf georgische Art mit Maronen, Rosenkohl und Kartoffelzopf

Zutaten

4 Fasanenbrüstchen (bratfertig)

40 g geräucherter durchwachsener Speck zum Umwickeln

50 g Margarine

etwa $1/8$ l Saft von Weintrauben (ca. 250 g)

$1/4$ l Saft Orangen (4 Stück)

4 cl Malvasier (Dessertwein)

1 TL grüner Tee

2 TL Speisestärke

etwas weißer Pfeffer

$1/8$ l Sahne

125 g weiße und blaue Trauben

Kartoffelbrei

Speck- und Zwiebelwürfel, Petersilie

Eigelb, Maronen, Rosenkohl

Zubereitung

Das Fleisch mit Speck umwickeln, anbraten, dann weiter garen. Trauben- und Orangensaft zufügen, etwas aufgebrühten grünen Tee zufügen, zum Schluss den Dessertwein. Mit Pfeffer abschmecken, Sahne untermengen, andicken. Die Trauben zum Garnieren verwenden. Für den Kartoffelzopf wird ein fester Kartoffelbrei zubereitet, der mit Speck- und Zwiebelwürfeln und Petersilie verfeinert werden kann. Die Masse mit einer Spritztüte (ohne Spitze) zopfartig in eine Form spritzen. Mit Eigelb bestreichen und kurz in den Backofen geben. Dazu Maronen und Rosenkohl reichen.

Mehrere Gasträume, die meisten mit großen Glasfronten versehen, geben den Blick auf die Natur frei. Der gediegene Landhausstil zieht die Besucher an und die verschiedensten Zimmergrößen ermöglichen Familienfeiern von 10 bis 150 Personen in dieser außergewöhnlichen Umgebung.

Die Plätze im Freien sind ein weiterer Genuss. Eine überdachte und beheizte Terrasse macht auch an kühlen Tagen das Freiluftvergnügen möglich und die offene Terrasse ist meist schon bei den ersten wärmenden Sonnenstrahlen ein Anziehungspunkt ebenso wie der große Biergarten. Hier wird in den Sommermonaten oft der Steingrill genutzt und eine Theke im Garten vervollkommnet das „Ferienerlebnis".

Ob drinnen oder draußen, die Speisekarte verführt schnell zum Ausprobieren, denn sie ist reichhaltig und bewegt sich vom gutbürgerlichen Angebot bis zur gehobenen Küche. Internationale wie regionale Speisen sind im Parkhotel selbstverständlich und werden stets durch saisonale Karten ergänzt. Vegetarische Gerichte sind ebenso zu finden wie delikate Fleischspeisen und die Wildspezialitäten sind eine Klasse für

sich. Vom Feldsalat mit gebratener Gänseleber bis zu Hasenrückenfilet mit Brombeersauce oder Fasanenbrust auf Champagnerkraut mit Weintrauben reicht die Palette und ist im Winter natürlich besonders reichhaltig. Annette Klöker verwendet ausschließlich Wild aus der Region, Frische und beste Qualität sind daher gewährleistet.

Hier kann man immer wieder einkehren um sich selbst oder Freunde zu verwöhnen. Wer einen längeren Aufenthalt plant, der erhält Tipps für Ausflüge und Fahrten oder kulturelle Ereignisse. Ein Grund mehr hier „unterzutauchen", dabei Stadtnähe und Ruhe im Wechsel zu genießen.

HOTEL RESTAURANT KLUTE

Gastlichkeit groß geschrieben und die erst kürzlich modernisierten Zimmer laden zum Kurzurlaub ein. Hans und Ute Klute führen das Haus mit Herzlichkeit und Charme und als Küchenchefin zeichnet sie für die Gaumenfreuden verantwortlich.

Die ideale Lage macht einen Stadtbummel per pedes bequem möglich und auch weiter entfernte Ziele sind von hier aus gut erreichbar. Schnell kommt man ins Gespräch beim frisch gezapften Bier an der urigen Theke oder an den rustikalen Tischen in der Gaststube. Unauffällige Eleganz und stilvolle Möbel sowie ein im Winter wohlig wärmender Kachelofen machen den Reiz des Restaurants aus. Hier lässt es sich ausgiebig tafeln, aber auch kleine Gerichte für Freunde der guten Küche sind auf der Karte zu finden.

Die regionalen Spezialitäten vom verfeinerten Eintopf bis zum Grünkohlessen werden von Ortsansässigen genauso geschätzt wie von Touristen, die gern etwas Typisches probieren möchten. Doch auch andere Schlemmereien quer durch Deutschland sowie einige internationale Gerichte locken. Gehoben bürgerlich mit einem kräftigen Schuss Raffinesse, so lautet das Erfolgsrezept von Ute Klute. Sie setzt auf frische

Prächtige Gebäude und Stadtmauern sowie moderne Passagen ergänzen sich in der Osnabrücker Innenstadt. Große Anziehungskraft übt die Altstadt aus und ganz in der Nähe, nahe dem Heger Tor, liegt das Hotel Restaurant Klute. Seit 1872 wird hier

Hotel Restaurant Klute

Lotter Straße 30
49078 Osnabrück

Telefon 05 41 / 40 91 20
Telefax 05 41 / 4 09 12 48

Ruhetag: Sonntag

Wildkaninchen-Terrine

Zutaten

1 großes Kaninchen,
die Haut abgezogen,
gesäubert und entbeint
850 g Schweinefleisch,
fein gehackt
$^1/_8$ l Cognac
$^1/_4$ TL Thymian
$^1/_4$ TL geriebene Muskatnuss
1 Lorbeerblatt, zerrieben
Salz und frisch gemahlener Pfeffer
500 g luftgetrocknete Schinken-
scheiben in breiten Streifen
500 g frischer fetter Speck,
in Scheiben geschnitten

Zubereitung

Das zarte Fleisch des Kaninchen-
rückens in Streifen schneiden und
beiseite stellen. Restliches Kanin-
chenfleisch zusammen mit den
Innereien durch den Fleischwolf
drehen. Mit dem Schweinefleisch
vermischen.
Die Hälfte des Cognacs und die
Gewürze hinzufügen; reichlich
Salz und Pfeffer verwenden. Die
Hackfleischmasse 1 Stunde stehen
lassen. Die Schinken- und Kanin-
chenfleischstreifen mit dem
restlichen Cognac beträufeln und
1 Stunde stehen lassen. Eine Stein-
gutform mit Speckscheiben auslegen. Eine 2 bis 3 cm dicke Schicht
Kaninchenfleischmasse hineingeben,
darauf Schinken und Kaninchen-
streifen. Die Lagen so fortführen,
am Schluss mit Speckstreifen bedecken. Den Deckel auflegen.
Die Terrine im Wasserbad im vorgeheizten Backofen bei 180 °C
etwa 1$^1/_4$ Stunde garen. Kalt als
Vorspeise servieren. Wenn die
oberste Speckschicht nicht entfernt,
die Terrine nicht angeschnitten ist,
kann sie längere Zeit kühl auf-
bewahrt werden.

Produkte, vorwiegend von nahe gelegenen Erzeugern, und achtet auf jahreszeitliche Schwerpunkte.

Vom bunten Gemüseteller über verschiedenste Spargelvariationen und vom Kalbfleisch bis zu Wildgerichten reicht das Angebot. Frische Matjes mit Pellkartoffeln oder eine deftige Suppe schmecken hier in jeder Saison und für die interessanten hausgemachten Desserts lohnt sich immer ein Abstecher zu Klutes. Abends lässt sich hier hervorragend speisen und durch die überschaubare Größe ist die familiäre Atmosphäre in den dekorativ ausgestatteten Räumlichkeiten ein großes Plus. Seminare und Tagungen sind ebenfalls möglich und natürlich geht das Traditionshaus auch mit der Zeit, so ist der gute Party-Service eine schöne Alternative für Familienfeiern oder Firmenveranstaltungen.

DEHOGA Niedersachsen e.V.
Bezirk Osnabrück, Emsland,
Grafschaft Bentheim
Dieter Westerkamp

Weberstraße 111
49084 Osnabrück

Telefon 05 41 / 73 92 1
Telefax 05 41 / 70 87 77

An vielen Hotels und Restaurants entdeckt man als Gast das Schild „DEHOGA-
Mitglied", welches den Betrieb klassifiziert
und auszeichnet. Eine tolle Orientierung,
die auch an der Jahreszahl erkennen lässt,
wann die letzte Qualifizierung stattfand.
Doch der DEHOGA. d. h. der Deutsche
Hotel- und Gaststättenverband hat weit-
aus mehr Aufgaben, so beispielsweise in
der Ausbildung des Nachwuchses. Als
Wirtschaftverband vertritt er die Unter-
nehmerinteressen des Gastgewerbes.

Der DEHOGA Niedersachsen hat mehrere
Tausend Mitglieder, die in regionalen
Bezirksverbänden organisiert sind. Der
Bezirksverband, der das Gastgewerbe
in der Wirtschafts- und Touristikregion
Osnabrück, Emsland, Grafschaft Bent-
heim betreut, wird vertreten durch Dieter
Westerkamp als Geschäftsführer und
Hans Klute als erstem Vorsitzenden.
„Wir arbeiten für unsere Mitgliedsbetriebe
eng mit Tourismusorganisationen, Kom-
munen und Vertretungen anderer Wirt-

schaftszweige, wie z. B. Einzelhandelsverbänden, zusammen," sagt Dieter Westerkamp.

Diese Vernetzung macht es für Urlauber und Geschäftsreisende leichter, herauszufinden, wo welche Angebote anzutreffen sind. Die Erstausbildung von Fachkräften, aber auch die Unterstützung in der Fort- und Weiterbildung hat sich der Verband auf die Fahnen geschrieben. Nur so kann die Gegenwart und Zukunft der Gastronomie und Hotellerie gewährleistet werden, sagen die Fachleute.

Beratung bezüglich aktueller Trends wird gern angenommen. So sind derzeit Städtetouren und Wellness- sowie Fahrradtouren ganz oben auf der Wunschliste der Verbraucher. Im Osnabrücker Land, Emsland und Grafschafter Land braucht man nicht lange danach zu suchen, denn das Radwegenetz ist schon seit vielen Jahren bestens ausgebaut und bietet den Gästen vielfältige Abwechslung.

Wellness-Angebote gibt es inzwischen in vielen Gasthöfen und Hotels, die von der Sauna über den Whirlpool bis zu Massagen und Gesundheitskursen alles erdenklich Wünschenswerte anbieten.

Doch was wäre all dies ohne einen kompetenten und freundlichen Service. Und der muss natürlich vom Chef bis zum Auszubildenden stimmen, zum Wohl des Gastes, damit er sagt „hier komme ich wieder hin".

„Wohl keine andere Branche in Deutschland ist so spannend und abwechslungsreich wie das Gastgewerbe", kann man DEHOGA Broschüren entnehmen.

In rund 250 000 Betrieben, in klassischen Gourmetrestaurants oder in Tagungs- bis Luxushotels werden junge Leute bundesweit ausgebildet und erhalten eine zukunftssichere Berufsqualifikation.

Eigenes Engagement vorausgesetzt, erfahren die gastgewerblichen Berufsabsolventen spezifische Weiterbildungsmöglichkeiten, so dass ihnen auf der ganzen Welt internationale

Karrieren offen stehen. Zudem ist die duale gastgewerbliche Ausbildung eine sehr gute Basis für eine vielleicht später angestrebte Selbstständigkeit.

Die klassischen Ausbildungzweige für Mädchen wie Jungen sind Koch, Restaurant- oder Hotelfachmann, Hotelkaufmann, Fachmann für Systemgastronomie und Fachkraft im Gastgewerbe. In Studiengängen an verschiedenen Hochschulen, Meisterkursen oder anderen Fachkursen, je nach Ausbildung, kann man weitere berufliche Meriten erwerben. Wer weiß, vielleicht führt es dazu, dass man irgendwann ein großes Haus oder eine Hotelkette leitet. Spaß macht die Ausbildung jedenfalls, wie auf den Bildern zu sehen ist.

Die im Buch vorgestellten Betriebe haben bereits bewiesen, dass sie viel vom Gastservice verstehen und gezeigt, wie kreativ das Leben als Köchin oder Koch sowie Hotelchef sein kann.

RADEBERGER EXPORTBIERBRAUEREI

Radeberger Gruppe
c/o Friesisches Brauhaus
zu Jever

Elisabethufer 16
26441 Jever

Telefon 0 52 31 / 2 69 30
Telefax 0 52 31 / 56 55 28

Was sind ein Fußballabend oder ein Schnack mit Freunden ohne ein gutes Bier? Richtig, ein Treffen, bei dem etwas fehlt. Dies sieht man auch im Osnabrücker Land so und deshalb wird Radeberger Pilsner nicht nur zu Hause sondern auch in der Gastronomie und Hotellerie gern ausgeschenkt. Der hohen Qualität wegen ist das Premium Pilsner vor allem in der gehobenen „Gastronomie" stark vertreten. Der Stammsitz ist seit jeher im sächsischen Radeberg, doch das hell prickelnde Getränk wird in Gesamtdeutschland und im Ausland vertrieben. Die Brauerei zählt heute zu den modernsten Europas. Als erste in Deutschland braute sie Bier nach Pilsner Brauart und diese Spezialisierung ist auch heute noch Garant für beste Qualität. Edle Inhaltsstoffe und ein schonender Brauprozess, der überwiegend maschinell gesteuert wird, aber auch Braumeister, die für die „Geschmackssicherheit"

ihre Erfahrung einbringen, sorgen für den unverwechselbaren Charakter von Radeberger Pilsner.

Im Osnabrücker Raum hat Radeberger Pilsner inzwischen eine spezielle Anhängerschaft gefunden. Der harmonische und abgerundete Geschmack, der ein feines Bitteres ausmacht, ist bei Pilskennern beliebt und begehrt. Ein ordentlicher Schinken und Mettwursteller oder eine Fuhre Bratkartoffeln, begleitet von einem frischen Radeberger Pilsner, sind eine Wucht, wie man beim Kosten schnell feststellt. Und nach einem guten Matjesteller, der bekanntlich den Durst fördert, ist die trockene Kehle schnell mit dem flüssigen Gold wieder beseitigt.

„Bier ist als Getränk das Nützlichste, als Arznei das Schmackhafteste und als Nahrungsmittel das Angenehmste", dies sagte schon Hildegard von Bingen, die sich in Bezug auf Heilmittel aus der Natur bestens

auskannte. So kann man also mit Genuss Radeberger Pilsner probieren und wird in ganz Deutschland immer Gleichgesinnte treffen, die Radeberger Pilsner als eine Besonderheit deutscher Braukunst lieben und schätzen.

Mit der Aktienbrauerei „Zum Bergkeller" begann 1872 der Erfolgsweg der „Radeberger", die zuvor eine kleine Privatbrauerei war. Anfang des 20. Jahrhunderts wurde das Radeberger Pilsner schon hoch gelobt, denn als königlich-sächsischer Hoflieferant und Zuständiger für das Kanzlerbräu des Fürsten Otto von Bismarck musste man natürlich etwas Besonderes bieten.

In den 90er Jahren wurden große Investitionen in Radeberg getätigt. Ein modernes Sudhaus mit Gär- und Lagerkeller sowie

Filtrationsanlage wurde in Betrieb genommen. Ab 1999 wurde nochmals erweitert. Durch die Bildung der Radeberger Gruppe, als Zusammenführung der Bierinteressen der Oetkergruppe, gab es noch weitere positive Synergien für Radeberger. Heute gehört das Unternehmen nach eigenen Angaben zu den Marktführern in der deutschen Spitzen- und Gruppenhotellerie. Renommierte Firmen und Hotels wie Kempinski, Steigenberger oder Maritim schenken die sächsische Traditionsmarke aus.

Seit Jahren zählt Radeberger Pilsner zu den Top Ten der deutschen Premiumbiere. Qualität und Kompetenz sollen weiterhin dafür sorgen, dass die gehobene Gastronomie und ausgewählte Getränkefachmärkte sowie der gut organisierte Getränke-Fachgroßhandel sich für die sächsische Marke entscheiden.

Wer einmal nach Radeberg kommt, sollte sich eine Braubesichtigung nicht entgehen lassen oder an einem witzigen Bierseminar teilnehmen. Vorher jedoch kann er so richtig auf den Geschmack kommen, gleich um die Ecke im Osnabrücker Land oder auf einer Tour quer durch Deutschland.

DER TEUTOBURGER WALD

Jagdfreunde werden den Teuto ebenfalls genießen, denn nicht selten trifft man Wildschweine, Rehe oder Fasane an. Teilweise sind Gäste in den Revieren zugelassen.

Viele hiesige Gastronomen sind der Jagd eng verbunden, da diese oft seit Generationen üblich ist. Daher legen sie Wert auf die Verarbeitung heimischen Wilds. Ab und an verraten sie sogar ihre kulinarischen Geheimtipps!

Blicken wir zunächst in den Heilbädergarten, der die Kurorte Iburg, Laer, Rothenfelde und Bad Essen umfasst. Gesundheit und Wellness stehen hier hoch im Kurs, denn die Wirksamkeit der seit Jahrhunderten sprudelnden Solequellen wird gern genutzt. Ein Gesundheitsfanatiker muss man nicht sein, um diese Orte zu genießen, denn reizvoll sind sie auch als Ausflugsziel.

Bad Rothenfelde als ältestes und bekanntestes Heilbad des Osnabrücker Landes kann mit „Meeresluft" aufwarten. Zwei Gradierwerke, die als größte Westeuropas gelten, sind für die sanfte Brise verantwortlich. Mit seinen rund 5000 Rosen zieht der Kurpark jedes Jahr aufs neue Blumenliebhaber an, vor allem anlässlich des Rosenfestes. Im historischen Badehaus von 1906 besticht die gediegene Eleganz, gepaart mit modernen Gesundheits- und Fitnessangeboten. Der Salzmarkt, immer an Fronleichnam beginnend, verspricht ein buntes Treiben.

Alte Bürgerhäuser aus „Loarskem Steen" (Piepstein) und Fachwerk prägen die Ortsmitte von Bad Laer. Im Heimatmuseum erzählen „antike" Haushaltsgegenstände Geschichten und gleichzeitig kann man sich über die Funktionsweise des Gradierwerks informieren. Belebend ist nicht nur die frische Luft, sondern die Sole in Bad Laer. Der Glockensee im Kurpark, mit schönen Wasserspielen, erlebt seine Blüte jedes Jahr am ersten Augustwochenende zum Fest der 1000 Fackeln.

Die legendäre Schlacht im Teutoburger Wald, in der die Germanen den Sieg über die Römer errangen, machte den Wald berühmt. Heute hingegen ist der Mittelgebirgszug wegen seines bunten Mischwaldes aus Nadelbäumen und Laubwald sowie der gesunden Luft ein gefragtes Ziel. Ein Teil des „Teuto", wie er liebevoll genannt wird, schlängelt sich vom südlichen Osnabrücker Land, wo er an das Wiehengebirge stößt, bis zum Münsterland und endet etwa bei Hörstel. Wackere Kämpfer sind hier weiterhin unterwegs, auf Schusters Rappen oder dem Drahtesel. Will man beispielsweise auf den Dörenberg bei Bad Iburg, ist gute Kondition erforderlich. Allerdings entschädigt die herrliche Aussicht vom Hermannsturm für die Anstrengung. Man schaut weit ins Osnabrücker- und Münsterland und unterhalb des Berges zum Heilbädergarten.

Weithin beliebt sind das Schlemmerfestival Bad Laer für Genießer, der Historische Markt sowie der Leineweber-Markt. Klassische Anwendungen und fernöstliche Therapien sind in diesen Kurorten selbstverständlich, ebenso individuelle Wohlfühl- und Entspannungsprogramme.

Bischof Benno gründete das imposante Schloss in Bad Iburg und der idyllische Charlottensee verdankt seinen Namen der Bischofstocher und Königin Sophie Charlotte. Wertvolle Kunstschätze bergen verschiedene Gotteshäuser, wie die Klosterkirche mit Monumentalplastiken des 12. Jahrhunderts. Dreh- und Angelpunkt des Ortes ist auch hier der schöne Kurpark. Kneipp-Kuren, also viel Bewegung im Wasser und in Freien, kombiniert mit gesunder Ernährung steht im Vordergrund. Gefeiert wird oft, vor allem aber das Benno-Fest ist beliebt. Wollen Sie kräftig mitfeiern, kuren oder sich stärken für die Fernwanderung über den Hermannsweg? Dann kommen unsere kulinarischen Vorschläge in den Heilbädern Iburg, Laer und Rothenfelde sicher wie gerufen. (Bad Essen finden Sie an anderer Stelle.)

Leckere Torten und Desserts werden aufgetischt, vorzügliche Fisch- und Fleischvariationen und vor allem exzellente Wildgerichte. Wie wäre es etwa mit Crepinette von der Taube oder Damwildmedaillons auf Kirsch-Pfeffersoße? Schauen Sie doch mal, was „unsere" Köche anrichten.

GASTHAUS ZUM DÖRENBERG

Gasthaus zum Dörenberg
Hotel, Café und Restaurant
Familie H. Bäumker

Osnabrücker Straße 145
49186 Bad Iburg

Telefon 0 54 03 / 7 32 40
Telefax 0 54 03 / 73 24 66

Vom Wald umrandet, am Südhang des Dörenbergs im Teutoburger Wald, liegt das schmucke Hotel, Café und Restaurant Gasthaus zum Dörenberg. Herrliche Wanderwege beginnen direkt am Hause, Bad Iburg ist in wenigen Autominuten zu erreichen und viele Ausflugsziele des Osnabrücker Landes und des Teutoburger Waldes liegen quasi vor der Tür.

Die komfortablen Hotelzimmer und das ausgezeichnete Restaurant des Familienbetriebes sind für Feriengäste und Geschäftsreisende gleichermaßen gut eingerichtet.

Einst passierten regelmäßig Pferdewagen diesen Weg und so wurde 1828 die Kutscherkneipe Zum Dörenberg gegründet, an der gern Rast gehalten wurde. Später entwickelte sie sich zur Schankwirtschaft und 1900 ließ Heinrich Bäumker den Betrieb als Gast- und Kaffeehaus eintragen. Vier Jahre später wurde das Haus neu gebaut und die ersten Fremdenzimmer kamen hinzu. Heute entsprechen das Hotel sowie das Restaurant den modernsten Anforderungen, ohne jedoch etwas von ihrem natürlichen Charme verloren zu haben. Großzügige Zimmer in den verschiedensten Landhausstilrichtungen sowie eine Sauna, ein Dampfbad und Whirlpool bringen Entspannung nach einem anstrengenden Tag.

Mehrere rustikal gemütlich gestaltete Räume und eine großzügige Terrasse machen das Speisen hier zu einem Vergnügen. Die ausgezeichnete Qualität ist weithin bekannt und Küchenchef Holger Bäumker merkt man die Freude an ausgefallenen Ideen an. Gern bringt er seine jahrelangen Erfahrungen mit ein, die er in verschiedenen Toprestaurants und Hotels quer durch Deutschland gesammelt hat, bevor er ins heimische Haus zurückkehrte. Gutbürgerliche, ländlich-rustikale und französisch-mediterrane Kreationen zaubern er, sein Souschef Marcus Steffen und seine Küchenbrigade, immer mit einer individuellen Note, mühelos auf den Teller. Ob Törtchen vom Saibling auf einer grünen Gazpacho, Carpaccio vom Rind mit süßsaurem Paprikasorbet, Hirschrücken mit Wacholdersirup oder ein saftiges Schweine-

filet unter Dijon-Senfkräuterkruste, für jeden Geschmack ist etwas vorhanden. Auch die Desserts sind nicht zu verachten, wie die gebackenen Haselnuss-Clafoutis mit hausgemachtem Birnencremeeis sowie diverse Kuchen aus der eigenen Konditorei, wie beispielsweise die Mäscheraner Welfentorte. Traditionell gehen Vater Herbert und Sohn Hermann (einer von vier Söhnen) auf die Jagd. So kommt natürlich nur vorzügliche Qualität auf den Teller. Je nach Saison findet man von Reh über Fasan bis Wildschwein und delikaten Tauben alles heimische Wild in aufregenden Kompositionen auf der Speisenkarte. Eine kleine Karte, speziell auf die Wünsche der Kinder abgestimmt, rundet das Angebot ab. Eine persönliche Beratung auch für Veranstaltungen und Außer-Haus/Catering ist bei Familie Bäumker Ehrensache. Bei einem gemütlichen Glas Wein werden alle persönlichen Wünsche des Gastes individuell besprochen und berücksichtigt. Das Gasthaus zum Dörenberg überzeugt durch natürliche Freundlichkeit und spricht so den Feinschmecker sowie den zufälligen Gast und Wanderer an.

Crepinette von der Taube auf Sellerie-Espuma und Noilly-Prat-Wildthymiansirup

Zutaten (für 8 Personen)
Noilly Prat-Wildthymiansirup
300 ml Noilly Prat
2 EL Zucker
2–3 Zweige Wildthymian

Zubereitung
Den Zucker in einem Topf leicht karamellisieren lassen. 250 ml Noilly Prat aufgießen und auf ca. 80 ml reduzieren, anschließend kalt stellen. Den Wildthymian zupfen, die Blätter leicht durchhacken. Thymian mit etwas Noilly Prat zum durchgekühlten Sirup geben, gut vermischen und kalt stellen.

Spitzkohlblätter und Selleriewürfel:
1 Spitzkohl ca. 600 g
1 Sellerie ca. 500 g
1 EL Salz
8–16 Blätter Kohl (je nach Größe) blanchieren. Den geschälten Sellerie in dünne Scheiben schneiden, dann in kleine Würfel, bissfest blanchieren. Etwas Blanchierwasser aufbewahren.

Sellerie-Espuma:
300 g Sellerie, geschält und gewürfelt
100 g Sahne
50 g Butter
Salz, Muskat
1 Patrone Isi-Whip

Den Sellerie weich kochen. Auf ein Sieb geben, kurz abkühlen lassen. Die Butter bräunen und Sahne sowie Blanchierwasser hinzugeben, auf $1/3$ reduzieren. Den Sellerie in einen Mixer geben und mit der Sahne/Buttermischung mixen. Abschmecken und in eine Isi-Whipflasche umfüllen, begasen, 10 bis 15 mal durchschütteln und in einem Wasserbad warm stellen. Farce von einem guten Metzger besorgen und mit gerösteten Walnüssen vermengen.

Crepinette:
4 Tauben
200 g gewässertes Schweinenetz

Die Taubenbrüste und Keulen von der Karkasse abschneiden, enthäuten und Knochen auslösen. Anschließend salzen und pfeffern. Auf die Brüste einen EL Farce streichen und mit den Keulen abdecken. In die Spitzkohlblätter einschlagen und mit dem Schweinenetz umwickeln. Nochmals würzen und auf ein gebuttertes Blech legen. Kalt stellen. Anschließend abkochen, erwärmen und fertig stellen. Die Taubenbrüste nun bei 160 °C ca. 12 Minuten im Umluftofen backen. Den Sirup erwärmen. Die Selleriewürfel mit Butter und Gewürzen abschmecken und erhitzen. Dazu werden Apfelravioli empfohlen, aus Nudelteig mit geschmorten Apfelwürfeln hergestellt.

LANDIDYLL-HOTEL GASTHOF ZUM FREDEN

familiäre Rahmen, den er und seine Frau Katrin den Gästen bieten, machen den Aufenthalt zum Vergnügen.

Klare Linien und viel Licht heben die Inneneinrichtung deutlich von vielen „Landidyll-Häusern" ab. Warme Holztöne und Pflanzen schaffen Gemütlichkeit. Durch die großzügigen Fensterfronten ist es zu jeder Jahreszeit angenehm hell und man hat fast den Eindruck im Freien zu sein. Mehrere Bankerträume sind für Familienfeste ebenso geeignet wie für Tagungen.

Hier schmeckt der Kuchen noch wie bei Muttern und die Speisen reichen von regional bis international. Frische Zutaten aus der näheren Umgebung sind für Familie Eichholz eine Selbstverständlichkeit und die Fleisch- sowie Fischgerichte werden mit viel Raffinesse verfeinert. Seit mehreren Generationen gehört die Jagd zur Familientradition. So wundert es nicht, dass ganzjährig Wild auf der Karte ist. Ab Mai wird vorzugsweise Reh serviert und von Oktober bis Januar ist die Waidmannskost hier besonders vielfältig. Vor allem Wildschweinbraten und verschiedene Damwildzubereitungen werden von den Gästen bevorzugt. „Wir bereiten gern Wild zu, weil dieses Fleisch mit zu dem Natürlichsten gehört", sagt Heinz-Ludwig Eichholz, der generell Wert darauf legt direkt beim Erzeuger zu kaufen.

**Landidyll-Hotel
Gasthof zum Freden**

Zum Freden 41
49186 Bad Iburg

Telefon 0 54 03 / 40 50
Telefax 0 54 03 / 17 06

Mitten im Grünen und doch unweit des Kurzentrums liegt das Landidyll-Hotel Gasthof zum Freden, das auf eine Familientradition seit 1879 zurückblicken kann. Es schließt unmittelbar an das Naturschutzgebiet Freden an und fügt sich wunderbar in diese „Ruheoase". Hier lässt sich wunderbar ein romantisches Wochenende verbringen und Familien werden die weitläufige Anlage genießen. Die Kochkünste von Heinz-Ludwig Eichholz und der elegante

Damwildmedaillons auf Kirsch-Pfeffersoße

Zutaten

1 Damwildrücken von ca. 1,5 kg
Meersalz, Pfeffer aus der Mühle,
Olivenöl
2 cl Cognac, 2 cl Portwein
0,2 L Kirschsaft
0,1 L Wildfond
etwas Aceto Balsamico (Essig)
1–2 EL eiskalte Butter
1 TL rosa Pfefferbeeren
100 g entsteinte Sauerkirschen
1 Bund Kerbel
4 Birnenhälften
Als Beilage Butterspätzle.

Zubereitung

Lachs vom Damwildrücken auslösen
und von der Silberhaut befreien,
Medaillons in etwa 70 Gramm große
Stücke schneiden, mit Salz und Pfeffer würzen, in Olivenöl rosa braten.
Fleisch aus der Pfanne nehmen, warm
stellen. Bratensatz mit Cognac ablöschen. Portwein, Sauerkirschsaft,
Wildfond und Aceto Balsamico zugeben. Flüssigkeit auf ein Drittel
reduzieren. Die Soße leicht mit Butter
binden. Kirschen und rote Pfefferbeeren zugeben, nicht mehr kochen
lassen. Medaillons mit der Soße
übergießen, mit einer gedünsteten
Birnenhälfte und Kerbel garnieren.
Dazu mundet ein trockener Rotwein
besonders gut.

Zünftige Biere und eine gut sortierte Weinkarte runden die kulinarischen Überraschungen ab. Individuelle Wünsche, etwa
bei Familienfesten oder betrieblichen Veranstaltungen, werden gern berücksichtigt
und so manche Hochzeit in der schönen
Gartenanlage ist hier schon zum unvergesslichen Erlebnis geworden. Das Roman-
tik-Menü zu zweit, auch im Alltag, kann
zum wunderbaren Tagesabschluss werden.
Wer sich einige Tage Ruhe gönnen möchte,
wird sich bestimmt an den komfortablen
Zimmern und der netten Atmosphäre erfreuen. Der beschauliche Kurort mit dem
gut erhaltenen Schloss und dem hübschen
Charlottensee ist schnell erreicht und im
nahen Teutoburger Wald finden Spaziergänger immer wieder schöne Ecken.

HOTEL RESTAURANT ZUR POST

Berühmt ist das Heilbad Rothenfelde wegen seiner großen Gradierwerke sowie der schönen waldreichen Umgebung und ebenfalls sehr bekannt ist das Hotel Restaurant Zur Post. Gegenüber dem Kurpark, dem Hallen-Sole-Wellenbad und der Saline hat es einen vorzüglichen Platz und ist wegen seines Komforts und der hervorragenden Küche in aller Munde. Über 100 Jahre besteht das Haus und wurde 2005 von einem jungen Team mit den Geschäftsführern Diana Hofmann und Wolfgang Hasselmann übernommen. Das Herzstück des Restaurantbereichs, die „Museumsküche", blieb erhalten und die „Gute Stube" ebenfalls. Mehr Helligkeit durch sanfte Farben und neue Accessoires zog ein und auch die Hotelzimmer sind noch komfortabler und freundlicher geworden.

An Großmutters gemütliche Küche erinnert das Restaurant „Alte Küche". Wunderschöne Kacheln, ein alter Ofen und vor allem der prächtige schwarz-weiße Mosaikboden

Hotel Restaurant Zur Post

Frankfurter Straße 2
49214 Bad Rothenfelde

Telefon 0 54 24 / 2 16 60

110

geben dem Raum ein besonderes Flair. Sammlerstücke aus dem Kücheninventar und weitere Kostbarkeiten lassen den Blick umherschweifen. Mit edlen Hölzern und Leuchtern ausgestattet, ohne dabei kitschig zu wirken, verströmen auch die anderen Räume Behaglichkeit. Das Ambiente spricht vom jungen Paar bis zum Senior jeden an.

Auf die bewährte Kochkunst von Küchenchef Klaus Borgelt wollte die neue Leitung nicht verzichten. Seine deutschen wie internationalen Kreationen können die Gäste weiterhin im Hotel Zur Post genießen. Seeteufel mit Gemüse-Safran und Wildreis oder Carpaccio von der Rinderlende munden genauso gut wie Schweinefilet an Wirsing-Strudelteig oder Postkutschertopf mit Medaillons und Camembert. Auch die Wildgerichte, vom Reh bis zum Fasan, werden hier hervorragend zubereitet.

Für die Kleinen gibt es eine Kinderkarte mit netten Überraschungen und eine Spielecke. Ein Vergnügen für jeden ist der Brunch, jeden ersten Sonntag im Monat. Ob allein, zu zweit, in der Gruppe oder bei Tagungen und Familienfeiern ist die „Post" eine gute Empfehlung. Entspannen und Genießen heißt es auch im Hotel, denn die Sauna mit Sonnendeck, das Schwimmbad und ein Solarium locken. Herrlich ist das neue Angebot im angeschlossenen Nebenhaus. Hier wird medizinisch begleitete Wellness geboten mit Massagen, Physiotherapie, Kosmetik und Friseursalon oder einzeln vor Ort. Gebucht werden können diese Leistungen als „Verwöhnpauschale" im Hotelarrangement. Das Rundum-Wohlfühlen kann hier also gleich in doppelter Ausführung genossen werden – beim Essen und Entspannen.

Schweinefilet im Wirsing-Strudelteig an Thymianjus mit Nusskartoffeln

Zutaten

720 g Schweinefilet
4 große zartgrüne Wirsingblätter
12 Stauden Zwiebellauch
1 kg große Kartoffeln
250 g Mehl
65 g zerlassene Butter
1 Ei, eine Prise Salz
$1/8$ l Wasser, etwas Salz und Pfeffer
6 Thymianzweige
1 Tomate, $1/2$ Zwiebel, 1 Staude Sellerie,
1 Möhre
$1/2$ l Brühe

Zubereitung

Schweinefilet salzen, pfeffern und anbraten, abkühlen lassen. In blanchierte Wirsingblätter einschlagen. Mehl, Ei, Salz und Wasser zu einem Teig verarbeiten, $1/2$ Stunde kalt stellen. Strudelteig auf einem Küchentuch dünn ausrollen, die Schweinefilets einschlagen. Bei 180 °C (Kombidämpfer) etwa 12 Minuten backen. Kerntemperatur 55 Grad, ruhen lassen. Vom Gemüse mit Gewürzen ein Jus herstellen, passieren, Thymianblätter zugeben. Große Kartoffeln schälen, mit ovalem Förmchen ausstechen, kochen und in nussbrauner Butter schwenken. Zwiebellauch putzen und in abgeschmeckter Brühe ziehen lassen. Fleisch und Gemüse auf Thymianjusspiegel anrichten.

WESTERWIEDER BAUERNSTUBE

Westerwieder Bauernstube

In den Höfen 3
49196 Bad Laer

Telefon 0 54 24 / 94 02
Telefax 0 54 24 / 73 21

Ruhetag: Montag
(Ausnahmen für Feiern)

Malerisch am Rande des Blombergs, einem Ausläufer des Teutoburger Waldes liegt das ländliche Kurstädtchen Bad Laer. Die Sole-Heilquellen, seit 1620 genutzt, sind ein großer Anziehungspunkt und ihre Wirkung können Kurgäste in verschiedenen Bädern genießen. Zur Blütezeit macht der Blomberg – auch Blumenberg genannt – seinem Namen alle Ehre, zumal dort acht verschiedene Orchideenarten wachsen. Inmitten der blühenden Wiesen rund um das Heilbad liegt das Restaurant „Westerwieder Bauernstube", benannt nach dem gleichnamigen Ortsteil. In dieser Idylle verwöhnt Familie Schowe ihre Gäste mit gutbürgerlich gehobener Küche in stilvoll eingerichteten Räumen.

Wohltuende Ruhe umgibt das Haus, denn abseits der großen Straßen lässt sich die Natur genießen und Kinder können sich auf dem großen Spielplatz vergnügen.

Dicke Holzbalken, Fachwerkwände und der urige Kamin haben den Charme des einstigen Bauernhofes bewahrt. Für Veranstaltungen sind der lichtdurchflutete Festsaal und die Diele bestens geeignet.

In der fünften Generation wird hier die Gastlichkeit zelebriert und die Freude an ihrer Arbeit ist bei Küchenmeister Hans-Hubert Schowe und seiner Frau Susann spürbar. Gemeinsam mit dem fleißigen Service- und Küchenteam werden freundlich die Gästewünsche erfüllt.

Viel lernte Hans-Hubert Schowe von seinen Eltern. Nach seiner Lehre zum Koch und Wanderjahren durch die Schweiz besuchte er die Hotelfachschule in Heidelberg, bevor er in den elterlichen Betrieb zurückkehrte. Als Hotelbetriebswirtin ist Susann Schowe die ideale Ergänzung, sie kümmert sich neben dem Service und der Dekoration des Hauses ebenfalls um die drei kleinen Kinder, Marlen, Magnus und Martha.

Kein Zufall ist die hervorragende Küche, denn das Obst und Gemüse kommt überwiegend aus kontrolliert ökologischem Anbau und das Fleisch von Biobauern und aus der Region. Viele Besucher aus dem Osnabrücker Land oder Münsterland kommen auch der köstlichen Wildgerichte wegen zur Westerwieder Bauernstube. Vom Hasen über Wildschwein bis zum Fasan reicht die Bandbreite. Auch die Jäger sind gern zum „Schüsseltreiben" im Haus, wobei sie ihre Trophäen von der geschmacklichen Seite aus begutachten können.

Für sein Frischlingsrezept ließ Küchenchef Darek Mory uns in die Töpfe schauen und das Nachkochen macht sicherlich Freude. Natürlich sind auch Fischgerichte, herzhafte Schweine- und Rindersteaks oder leckere Kuchen auf der Karte.

Zur guten Tradition sind die alljährlichen Schlemmerwochen geworden. Hans-Hubert und Susann Schowe lassen sich bei Kollegenbesuchen quer durch Deutschland immer wieder zu anderen regionalen Spezialitäten inspirieren und bieten diese, mit eigener Phantasie gekocht, bei Schlemmerwochen an.

Frischlingsrücken aus dem Buchenholzrauch auf Holundersauce

Zutaten

750 g Frischlingsrücken,
sauber pariert
(entsehnt und enthäutet)
250 g Wildknochen
150 g durchwachsener Speck
150 g Röstgemüse (Mirepoix)
100 ml Holunderbeersaft
Öl
Salz
Pfeffer
Thymian
Rosmarin
100 g Buchenholzspäne
200 ml Brühe

Zubereitung

Frischlingsrücken würzen und mit
Kräutern in dünne Speckscheiben
einwickeln. Im Räucherkasten bei
mittlerer Hitze 12 bis 15 Minuten
räuchern.
Nun die Wildknochen klein hacken,
kräftig anbraten und das Röstgemüse hinzufügen. Danach mit der
Brühe ablöschen und etwas reduzieren lassen. Holundersaft angießen
und auf ein Drittel der Flüssigkeit
einkochen lassen. Passieren und
mit Salz, Pfeffer und Rosmarin
abschmecken.
Den leicht geräucherten Frischlingsrücken im Ganzen in Öl anbraten.
Im Backofen ca. 10 Minuten bei
180 °C bis auf 58 °C Kerntemperatur
fertig garen. Danach das Fleisch ein
paar Minuten ruhen lassen.
Den Frischlingsrücken in 8 gleiche
Scheiben schneiden und auf der
Holundersauce anrichten.

Als Beilage werden empfohlen:
Pfifferlinge, Rahmrosenkohl und
Macairekartoffelplätzchen.

TIPPS UND KNIFFE BEI DER WILDZUBEREITUNG

Ein bunter Speiseplan erhält die Freude am Essen und saisonal wechselnde Produkte ebenfalls. Das Ernährungsbewusstsein ist in vielen Haushalten gewachsen und gleichzeitig die Lust Neues auszuprobieren. Obwohl Wildgerichte keine neue Erfindung sind, wagen sich manche nicht daran. Möchte man es dennoch versuchen, geben Köche gern Ratschläge. Einige geben spezielle Wildkochkurse und auch verschiedene Volkshochschulen bieten solche an. Doch abgesehen von der längeren Vorbereitung durch das Marinieren, ist die Wildbereitung nicht komplizierter als andere Fleischgerichte.

Nicht jedermanns Sache ist es, „ein Stück Wild" zu kaufen. In der Jägersprache bedeutet dies, ein ausgeweidetes ganzes Tier. Zu bekommen ist es bei Forstämtern und Jägern. Dort lässt man sich am besten vormerken. Die Tiere werden hier ausschließlich frisch verkauft, je nachdem, wie erfolgreich die Jagd war. Wer lieber mehr bezahlt, dafür küchenfertiges Wild erhält, kann inzwischen auf ein reiches Angebot bei Wildhändlern und einigen Metzgern zurückgreifen. Diese verkaufen meist nur Fleisch aus freier Wildbahn. Tiefgefrorene Ware ist praktisch in allen größeren Märkten erhältlich, oft kommt diese aber von Tieren aus Gatterhaltung oder aus dem Ausland. Kenner merken einen deutlichen Unterschied zum „frei gewachsenen" Tier.

Wildbret ist von Natur aus mager und eiweißreich, daher sehr gut bekömmlich. Besonders kräftig, für einige zu herb, ist das Hirsch-

oder Wildschweinfleisch. Eher ein zartes Aroma haben Hase und Wildente. Bei entsprechender Marinierung ist der Grundgeschmack jedoch gut beeinflussbar. Zwischen 12 und 24 Stunden sollte die Beize wirken. Buttermilch oder Wein, mit Öl und Gewürzen wie Thymian, Lorbeerblättern, Wacholderbeeren, Salbei, Rosmarin und Nelken sind gut geeignet. Auch Zwiebeln, Knoblauch und verschiedene Gemüse können beigegeben werden.

Die Marinade nimmt dem Fleisch den strengen Geschmack und macht es gleichzeitig zart. Anschließend wird es wie andere Fleischsorten weiter gebrutzelt. Wildgeflügel kann, aber muss nicht eingelegt werden. Dieses bindet man zusammen, damit einzelne Teile nicht austrocknen.

Ob man das Wild spickt oder komplett mit Speck umwickelt bleibt, jedem selbst überlassen. Wenn es schonend gegart wird, ist der „Fettmantel" nicht unbedingt nötig.

Empfehlenswert ist er bei Fasan. Die Grundlage für eine delikate Soße wird aus Knochen und Gemüse gekocht. Sie kann mit Wein, Cognac oder Portwein abgeschmeckt werden. Ein Schuss Sahne mildert die eventuell noch störende herbe Nuance und macht den Geschmack rund. Auch die abschließende Zugabe von Butter empfiehlt sich.

Mit frischen Waldpilzen kombiniert, oder Rotkohl und Klößen, ist Wildbraten natürlich immer köstlich. Doch auch mit anderen Beilagen, wie Spätzle, Kroketten und diversem Gemüse oder einem bunten Salatteller ist es wunderbar. Auch verschiedenes Obst passt gut dazu, nicht nur als Garnitur.

In Blätterteig gehüllt, können auch Wildreste gut verwendet oder mit anderem Fleisch vermischt, zu einer Pastete verarbeitet werden. Der Kreativität sind keine Grenzen gesetzt.

VARUSSCHLACHT UND DIE KUNST DES TUCHMACHENS – GESCHICHTE IM OSNABRÜCKER LAND

Bildhaft kann man sich vorstellen, wie die Textilkunst früherer Tage verlief und einen noch genaueren Überblick vermittelt das Tuchmacher Museum Bramsche. Viel schwieriger dagegen ist das Szenario der legendären Varusschlacht zu erfassen. So ganz genau möchte man sich die blutigen Kämpfe eigentlich auch nicht ausmalen. Informativ und „erlebbar" ist die Reise durch die Geschichte in Bramsche-Kalkriese jedenfalls auf einzigartige Weise.

Die legendäre Niederlage römischer Legionen unter Varus im Jahr 9 nach Christi gab viel Raum zu Spekulationen um den Schlachtort. Inzwischen steht fest, dass sich die Varusschlacht bei Bramsche-Kalkriese ereignete. Im minimalistisch angelegten Museumsbau ist eine beeindruckende Sammlung vorhanden. Unter wissenschaftlicher Begleitung wurden rund 6000 Fundstücke gesichtet und zugeordnet, die Hälfte ist in der Ausstellung zu sehen. Zusätzlich werden die Funde durch multimediale Präsentationen und mikroskopische Einsichten ergänzt. Beeindruckend ist das museale Parkgelände. Rekonstruktionen archäologischer Befunde machen den Spaziergang durch die Geschichte erlebbar. Vorträge, Ausstellungen und museumspädagogische Programme vermitteln weiteres Wissen. Die jährlichen Römertage und das Osterleuchten gehören zu einer Reihe interessanter Veranstaltungen. Kalkriese gilt als das einzige antike Schlachtfeld Europas, auf dem langfristig archäologische Grabungen und Forschungen durchgeführt werden.

Machen wir einen großen Zeitsprung ins 16. Jahrhundert, bleiben aber in Bramsche. Schon damals wuchs die Textilherstellung am malerischen Mühlenort. Mitte des 18. Jahrhunderts übernahm die Tuchmachergilde die Herstellung und baute sie zur Textilfabrik aus.

Idyllisch ist die einstige fürstbischöfliche Mühlenanlage an der Hase noch immer und beherbergt jetzt das Tuchmacher Museum. In dem denkmalgeschützten Gebäude werden die Arbeitsschritte von der Schafwolle bis zum fertigen Tuch gezeigt. An laufenden Maschinen erlebt man vom Wolfen und Krempeln bis zum Walken und Färben das einst aufwendige Verfahren mit.

Einige Tuchmacherfiguren geben Einblicke in die damalige Arbeitswelt. Workshops, Ausstellungen und künstlerische Veranstaltungen sind in das Konzept eingebunden.

Soviel Wissensvermittlung macht irgendwann auch hungrig. Was liegt da näher, als sich niederzulassen und sich mit einem guten Essen zu verwöhnen. In der Bramscher Altstadt locken vor allem nette Cafés und Geschäfte. Soll es ein kleiner Imbiss sein, mit ausgezeichnetem Fleisch oder Wurst, verköstigt man sich gut bei der Fleischerei Sostmann. Gepflegt essen und vielleicht noch ein bisschen in der Nähe golfen ist in Bramsche-Ueffeln empfehlenswert. Und wollen Sie im Grünen bleiben, nahe der Varusschlacht, schauen Sie sich unsere Vorschläge in Kalkriese und Lappenstuhl genauer an. Vom leckeren Süppchen über deftige Bratkartoffeln, zarten Spargel und herrliche Fleischragouts bis zu Antipasti reicht das Angebot. Wollen Sie regionale Spezialitäten kennen lernen oder lieber etwas aus dem internationalen Angebot? Sie finden stets beides, werden aber bestimmt erstaunt sein, wie gut die verfeinerte bodenständige Küche mundet.

Nun kann man weiter Wald und Wiesen des Osnabrücker Landes erforschen, was auch per Fahrrad angenehm ist. Die ländliche Gegend eignet sich gut und entlang des Mittellandkanals ist auch ein Spaziergang nicht zu verachten. Den Schiffen zuschauen, dabei ein bisschen träumen vom Meer, wer mag das nicht?

GASTHOF DROSTE-HAARS

gebaut mit traditionellem Fachwerkgiebel ist er noch heute imposant und auf der Terrasse mit Biergarten kann man die dörfliche Idylle genießen. Gehörne zieren die rustikale Gaststube, die Sylter Stube lässt die Küste näher rücken und die anderen gediegen eleganten Räumlichkeiten gewinnen durch Truhen und Schränke von anno dazumal.

Wenn Sie als Weitgereister mit „Moin, Moin" empfangen werden, wundern Sie sich nicht. Das ist kein Morgengruß, sondern eine nette Begrüßung, die verdeutlicht „hier soll man sich zu Hause fühlen". Und das kann man ohne weiteres, denn Individualität ist in dieser familiären Atmosphäre garantiert.

Tja, und was bietet die Küche? Wie die Gehörne und Geweihe schon erahnen lassen, ist die Jägerei hier seit Generationen Usus. Dementsprechend wird heimisches Wild gern und raffiniert zubereitet. Das Hirschfilet an Waldpilzen mit warmem Spargelsalat ist eine ausgezeichnete Delikatesse, genauso Reh- und Wildschweinbraten mit Klößen. Raritäten wie Springbock, Elch und Känguru verfeinert Küchenchef August-Hermann Droste-Haars ebenfalls vorzüglich. Doch auch regionale Spezialitäten, wie eine deftige Kartoffelsuppe oder Pfannkuchen mit Heidelbeeren, können probiert werden.

Das Meeresrauschen fehlt zwar, aber nicht die Frische der Meeresfrüchte und Fische, die auf den Tisch kommen. Köstliche Nord-

Eine frische Brise weht durch das verträumte Dorf Bramsche-Ueffeln, seit Hildegard Droste-Haars vor vielen Jahren hier den elterlichen Gasthof übernahm. Gemeinsam mit ihrem Mann August-Hermann brachte sie ein Stück Sylter Atmosphäre mit ins ländliche Osnabrücker Land und das herrliche Bauernhaus. Die Liebe zum Meer fließt in die kreative Küche ein und auch die regionalen Spezialitäten erhalten hier einen neuen Pfiff. In vergilbten „Amtsblättern" von 1556 ist der Gasthof Droste-Haars erstmals urkundlich erwähnt. Aus Bruchsteinen

Gasthof Droste-Haars

Dorfstraße 40
49565 Bramsche-Ueffeln

Telefon 0 54 65 / 90 45
Telefax 0 54 65 / 98 30

Ruhetag: Mittwoch

BRAMSCHE-UEFFELN

Hirschfilet mit Waldpilzen, Wacholder-Essenz und Spargelsalat

Zutaten für zwei Personen

500 g Damhirschfilet, zart gereift
1/2 l Hirschfond
Wacholderbeeren, zerdrückt
500 g Waldpilze, in Scheiben
40 g Schinkenstreifen
je 200 g weißer und grüner Spargel
2 Strauchtomaten
Salz, Zucker, Pfeffer, Muskat
Balsamico-Essig, weiß
Olivenöl, kalt gepresst
2 mittelgroße Kartoffeln pro Kopf,
fest kochend
1 Strauß Bärlauch
1 Salatherz
200 g frische Himbeeren
Vinaigrette

Zubereitung

Das Damhirschfilet gut anbraten und bei 80 °C fertig garen. Den Hirschfond mit Wacholderbeeren verrühren, bis er eine leicht pastöse Essenz ergibt, reduzieren. Schinkenstreifen kurz anbraten. Pilze kurz in der Pfanne in nicht zu heißem Olivenöl schwenken. Mit Salz, wenig weißem Pfeffer und Muskat abschmecken.

Den geschälten Spargel in Rauten schneiden. In sprudelnd heißem Wasser, das mit Salz und Zucker mild gewürzt ist, bissfest garen. Abtropfen lassen, mit gewürfeltem und enthäutetem Fleisch von der Strauchtomate im warmen Zustand vorsichtig vermengen, mit wenig Salz und Pfeffer würzen. Marinieren mit weißem Balsamico-Essig und kalt gepresstem Olivenöl. Mit Bärlauchstreifen verzieren, handwarm servieren. Das Salatherz halbieren, kurz mit Vinaigrette marinieren und mit Himbeeren dekorieren. Neue Kartoffeln mit dem Buntmesser in gleich dicke Scheiben schneiden. Goldgelb in Olivenöl frittieren.

seekrabben, zarte Heringsfilets oder Edelfische, mit immer wieder neuen Soßen und Beilagen, entzücken jeden Feinschmecker. Als Neuheit bietet das Ehepaars Droste-Haars seine edlen Flossentiere auch warm geräuchert an, besonders schmackhaft ist das Wallerfilet auf Meerrettich-Sahne. Bei so vielen Leckereien kommt man gern auch zu außergewöhnlichen Feiern wie den Themen-Hochzeiten wieder. Wer einen Blick hinter die Kulissen werfen möchte, ist in den Gourmetkochkursen des Chefs (montags, dienstags) willkommen. Wollen Sie genießen, haben aber wenig Zeit, hilft das Lädchen „Nimm-Es-Gern", das in der ehemaligen Scheune entsteht. Hier sind viele Spezialitäten wie auch Hausmannskost für den Tagesbedarf oder Braten für die Party daheim fix und fertig vorbereitet und müssen nur noch erwärmt werden. Sylter Spezialitäten, Weine sowie Tischdekorationen machen die nächste Einladung zur leichten Übung. Der perfekte Weg mit „eigenen" Kochkünsten zu glänzen ...

SOSTMANN FLEISCHWAREN

Sostmann Fleischwaren

Münsterstraße 26
49565 Bramsche

Telefon 0 54 61 / 99 55 0
Telefax 0 54 61 / 99 55 22

Ruhetag: Sonntag

„Tradition verpflichtet", dieser Spruch passt hervorragend zur Fleischerei Sostmann in Bramsche. Sie besteht schon seit 1838 und heute ist aus dem 2-Mann-Betrieb des Gründers Johann Friedrich Sostmann ein Musterbetrieb mit mehreren Filialen geworden. Die erstklassigen Fleisch- und Wurstwaren erhalten regelmäßig Auszeichnungen und finden im privaten wie gewerblichen Bereich viele Liebhaber.

Die traditionelle Herstellung nach überlieferten Rezepten und die Herkunftsgarantie des Fleisches aus eigener Schlachtung sprechen für sich.

Nicht nur am Hauptsitz Bramsche, sondern weit über das Osnabrücker Land hinaus sind die Qualitätsprodukte bekannt.

service, beide sowohl für Privat- als auch für Firmenkunden im Einsatz. Viele Stammkunden beweisen, dass Qualität und Service stimmen. Darüber hinaus wird auch die Gastronomie beliefert und etliche Feinkostgeschäfte ordern regelmäßig bei Sostmann. Die Frische des Fleisches, das handwerkliche Können und das tadellose Endprodukt sind Garanten für den Erfolg des Unternehmens.

Alljährlich stellt sich der Betrieb den strengen Kriterien der Jury des internationalen Qualitätswettbewerbs „Wurst und Schinken" der Deutschen Landwirtschaftsgesellschaft (DLG) und erhält regelmäßig Medaillen. Im Jahr 2005 wurde die Fleischerei mit der höchsten Auszeichnung der Centralen Marketing-Gesellschaft der deutschen Agrarwirtschaft (CMA), der Goldmedaille, ausgezeichnet. Dies ist ein Ansporn für die Familie und ihre Mitarbeiter den eingeschlagenen Weg mit hohem Qualitätsdenken weiterzuverfolgen. Die Verbraucher dürfen sich also auch künftig auf ein gutes Stück Fleisch, Schinken oder Wurst, direkt von ihrer Fleischerei Sostmann, freuen.

Das Vieh liefern Landwirte aus der nahen Umgebung, die auf artgerechte Haltung achten und garantieren, dass die Fütterung mit Getreide aus eigenem Anbau erfolgt. Jürgen und Heidi Sostmann sowie ihr Sohn Christian, der Betriebswirt und Fleischermeister ist, haben persönlichen Kontakt zu ihren Lieferanten. Geschlachtet wird selbst, was heute Seltenheitswert hat.

Die Fleisch- und Wurstwaren werden mit modernster Technologie verarbeitet und nach alten Geheimrezepten mit Gewürzen verfeinert. Freunde der Hausmannskost, der feinen oder der schnellen Küche finden immer das richtige Stück in der Fleischerei Sostmann. Die Wurstvielfalt macht die Auswahl manchmal nicht leicht. Beliebt sind auch der Party- und der Präsent-

LANDGASTHOF ZUM ALTEN DRESCHHAUS

Lebhaft kann man sich vorstellen, wie die Bauersleute in dem alten Anwesen ihre Arbeit verrichteten und abends müde ihre kräftige Mahlzeit einnahmen. Die alten Holzbalken und gekalkten Wände sind als Gerüst geblieben und der Charakter des einstigen Dreschhauses mit architektonischem Geschick bewahrt worden. Küchenchef Rolf Melcher und seine Frau Kerstin waren schon viele Jahre hier tätig, bevor sie das frisch renovierte Haus 2005 übernahmen. Viele Gäste kennen das sympathische Paar gut und kommen des vorzüglichen Essens und der anheimelnden Atmosphäre wegen gern wieder. Rund 70 Plätze sind vorhanden, alle mit freiem Blick auf die Natur. Im Winter schart man sich allerdings gern um den Kamin, vor allem wenn Künstler angesagt sind. Gruselig schön sind Kaminabende mit Moorgeschichten. Schnell ist das Haus rappelvoll, wenn Musiker angemeldet sind. Unterhaltung und gutes Essen sind eben unwiderstehlich.

Doch in erster Linie ist das engagierte Paar natürlich um das leibliche Wohl seiner Gäste bemüht. Rolf Melcher bevorzugt die frische mediterrane Jahreszeitenküche mit regionalem Touch. Seine delikaten Fischgerichte oder die Fleischspezialitätenwochen sind besonders beliebt. Selbst Gerichte, die nicht in der Karte sind, werden auf Wunsch gefertigt. Ob eine kalte Platte, leckere Forellen mit frischen Kräutern oder Desserts mit frischen Früchten, die Wahl ist nicht leicht. Dazu mundet ein gediegener Wein aus dem großen Repertoire oder ein frisch gezapftes König Pilsener.

Der schaumige Durstlöscher ist immer ein Vergnügen und passt vor allem zu den deftigeren Tellern hervorragend. Zu jeder Jahreszeit, auch für Feierlichkeiten, ist der Landgasthof Zum Alten Dreschhaus eine gute Empfehlung. Sobald die Wander- und Radfahrsaison angebrochen ist, trifft man sich zusätzlich auf der Gartenterrasse mit Blick auf den gegenüberliegenden kleinen Badesee, vorausgesetzt, es ist gerade noch ein Stuhl frei ...

Landgasthof
Zum Alten Dreschhaus
Familie Melcher

Zum Dreschhaus 6
49565 Bramsche-Kalkriese

Telefon 0 54 68 / 93 86 52
Telefax 0 54 68 / 93 80 87

Ruhetag: Montag

Spannend kann die Reise in die Vergangenheit werden, als Römer und Germanen sich die legendäre Varusschlacht im Teutoburger Wald lieferten. Viele dieser Spuren sind im Museumspark Kalkriese zu finden. Das schöne Wald- und Wiesengebiet nahe der Stadt Bramsche ist aber auch für andere Freizeitaktivitäten gut geeignet. Mittendrin liegt der vielseitige Landgasthof Zum Alten Dreschhaus.

RISTORANTE VICIANUM

Ristorante Vicianum

Shaban Krasniq

Von Bar Straße 1
49565 Bramsche-Lappenstuhl

Telefon 0 54 68 / 93 96 63

Ruhetag: Montag

Auf dem Weg von Osnabrück zur einstigen Tuchmacherstadt Bramsche begegnet man vielen Ländereien und Waldgebieten. Ein noch relativ junger Ortsteil ist Lappenstuhl. Hier entstand 1952, im ehemaligen Fürstbistum Osnabrück, die Neusiedlung. Der Name leitet sich von der Flurbezeichnung „Graf Lamprechts Richtstuhl" ab. In diesem waldreichen Ortsteil ist das Ristorante Vicianum eingezogen und verwöhnt mit regionalen sowie italienischen Köstlichkeiten.

Nur rund sechs Kilometer von der Innenstadt Bramsche entfernt ist das ruhige Fleckchen zu finden, welches eine familiäre Atmosphäre vermittelt und gleich bleibend gute Qualität liefert. Shaban Krasniq ist ein erfahrener Gastronom, der sieben Jahre gemeinsam mit seinem Bruder ein Restaurant in Bersenbrück betrieb. Die ländliche Idylle in Lappenstuhl reizte ihn jedoch, hier sein eigenes Geschäft zu gründen. Nach einer gründlichen Renovierung übernahm er

2006 die Räumlichkeiten und verwöhnt nun die Nachbarn und viele Erholung suchende Touristen mit seinen wohlschmeckenden Gerichten.

Hinter der Landhausfassade sind das kleine Restaurant für etwa 40 Personen und der Festsaal für 80. Umgeben von roten Steinwänden, schönen Bodenfliesen und Polstern kann man sich in dem netten Restaurant schnell wohl fühlen. Im Sommer wird gern auch die an einer ruhigen Straße gelegene Terrasse genutzt.

Hier kocht der Chef selbst und gemeinsam mit seinen Mitarbeitern ist er immer für die

Gäste ansprechbar. Wie die Bezeichnung Ristorante Vicianum erahnen lässt, bevorzugt Shaban Krasniq die italienische Machart, bietet aber auch einige regionale Gerichte an. Allein des Antipasti-Büfetts wegen könnte man täglich wiederkommen. Je nach Saison sind hier eingelegte Pilze, Tomaten, Auberginen oder Spargel und andere Häppchen aufgetischt.

Eine reiche Pizzaauswahl, wie Pizza Gladiatore, Nuova oder Frutti di Mare, und alle bekannten Pasta gefallen. Das Potpourri aus verschiedenen Fischen oder gegrillte Scampi sind interessant für Freunde der leichten Küche. Ab und an gibt es Spezialitätenbüfetts, jeden Donnerstag ein besonders günstiges Gericht, oft Fisch.

Beim Gläschen Wein bleibt man gern etwas länger, denn viele südländische Tropfen sowie einige andere Rebsäfte sind im Sortiment. Doch die Geschmäcker sind natürlich verschieden, so muss natürlich stets ein gutes Bier vorhanden sein. Besonders empfehlenswert ist das Radeberger Pilsner, das hier stets gut gezapft und richtig temperiert auf den Tisch kommt. In diesem Sinne: Guten Appetit und Prost!

Saltimbocca alla romana
(Kalbsschnitzel mit Salbei)

Zutaten

8 dünne Kalbsschnitzel
8 Scheiben Parmaschinken
8 Salbeiblätter
3–4 EL Butter
1/8 l Weißwein
Salz
Pfeffer aus der Mühle

Zubereitung

Kalbsschnitzel vorsichtig klopfen, jeweils mit 1 Scheibe Schinken und 1 Salbeiblatt belegen und mit einem Holzspieß zusammenstecken.
2 EL Butter in der Pfanne zerlassen. Die Schnitzel pro Seite etwa 2–3 Minuten braten, würzen, aus der Pfanne nehmen und warmstellen.
Den Bratensatz nun mit Weißwein ablöschen, kräftig aufkochen.
1–2 EL Butter in die Soße einrühren, nochmals abschmecken. Jetzt das Fleisch in die Soße legen und nochmals erhitzen. Auf einem vorgewärmten Teller anrichten.

Im Landstrich zwischen Osnabrück und Bramsche, Richtung Cloppenburg erstreckt sich das Artland. Die Samtgemeinde gehört zum Osnabrücker Land, hat sich durch ihre eigene Kultur und Tradition aber stets ein Stück Individualität bewahrt.

Außergewöhnliche Hofanlagen in wundervollem Fachwerk-Stil haben das Artland berühmt gemacht. Vor Jahrhunderten entstanden hier prachtvolle Vierseithöfe, die Burganlagen ähneln, und nur auf einer Seite zugänglich sind.

Über 1000 denkmalgeschützte Höfe bewahren das Kulturerbe und sind wie bunte Tupfer in der fruchtbaren parkartigen Landschaft verteilt. Imposante Höfe, einst von wohlhabenden Bauern errichtet, mit reich verzierten Giebeln ausgestattet, ziehen die Blicke auf sich. Nicht selten verraten kunstvolle Inschriften, wer hier sein Tagewerk verrichtete. An den Tagen des offenen Denkmals, meist im September, öffnen etliche Häuser ihre Tore, so dass auch die Gärten und bei einigen auch die innenarchitektonische Schönheit bewundert werden können.

Einige haben Bauernhofcafés oder Hofläden in den alten Stuben eingerichtet, so kann man das unverkennbare Flair zusammen mit den guten Gaben der Landwirtschaft genießen. Die Artland-Rad-Tour führt als Rundkurs, angefangen in Quakenbrück über Menslage, Fürstenau, Badbergen und Bersenbrück durch die Gegend. Eine ebenso bequeme und interessante Pedalstrecke ist die Mühlentour im Artland.

In der Kleinstadt Badbergen liegen, genau auf der Artlandroute, gepflegte Fachwerkbauten rund um die romanisch-gotische St. Georgskirche, eine ehemalige Wehrkirche. Ein gutes Beispiel für die herrlichen Bauten ist der Hof Elting-Bußmeyer, der unter Denkmalschutz steht und mit seinem gastronomischen Angebot

in der ehemaligen Diele und dem Backhaus reizvolle Einblicke gibt. Eichen- und Buchenalleen
sowie wogende Felder begegnen uns immer wieder
im Artland, in der Gemeinde Menslage das Naturschutzgebiet Hahlener Moor.

Auf einem Moorlehrpfad können Flora und Fauna
erforscht werden und Kinder werden die Weite der
Landschaft mit wenig befahrenen Wegen lieben.
Zahlreiche Bauernschaften mit Höfen, die oft ihre
Produkte direkt vermarkten, machen die Ferientour
noch ein bisschen schöner. Die gemächlich dahin-
fließende Hase macht Bersenbrück unter anderem
zu Wasser erreichbar. Ob mit Kajak oder Schlauch-
boot, Spaß ist garantiert und das Flusswandern
eine ganz neue Erfahrung. Grüne Auen und der
herrliche Alfsee als Wassersportparadies sind
schnell erreicht. Die Stadt selbst hat den typischen
Artland-Charme. Das Kloster aus dem 12. Jahrhundert und die Klosterpforte von 1700, am Marktplatz, sind historische Sehenswürdigkeiten. Möchte
man weitere sehen, empfiehlt sich die Nachtwäch-
tertour.

Zu den Perlen des Artlandes zählt Quakenbrück.
Als ehemalige Burgmannsstadt und Mitglied der
Hanse gelangte es zu Reichtum, der noch heute
erkennbar ist. Auf der Langen Straße reihen sich
alte Handelshäuser mit spitzen vorgekragten Giebeln, teilweise mit Gold verzierten Inschriften aneinander und spätestens beim Gang durch die Hohe
Pforte fühlt man sich ins Mittelalter zurückversetzt.
Die wunderbare Atmosphäre schließt auch nette
moderne Läden und Restaurants mit ein, die gern
besucht werden. Etwas ruhiger gelegen, unweit des
Zentrums lockt Das kleine Restaurant mit nicht
Alltäglichem.

Soll der historische Spaziergang fortgeführt werden, begibt man sich auf den Poggenpad, der zu
den wichtigsten Schauobjekten leitet.

Schützen- und Trachtenfeste werden im Artland
sehr gepflegt, sind für Feriengäste immer etwas
Besonderes. Herausragend sind die Quakenbrücker
Musiktage mit internationalen Künstlern und der
Renntag (immer am 1. Septembersonntag) mit
Pony-, Trab- und Galopprennen sowie nostalgi-
schem Kutschenkorso. Ein anstrengendes, aber
witziges Vergnügen für die ganze Familie ist die
Hasetal-Fahrrad-Draisine, die in Quakenbrück
Richtung Nortrup startet. Na, genügend Kondition
vorhanden?

HOF ELTING-BUSSMEYER

vorstellen, wie einst die Pferdefuhrwerke hier ein und aus fuhren und Mägde sowie Knechte das Tagewerk erfüllten. Bewusst ist auch in den Innenräumen der ländlich feine Charakter erhalten geblieben. Das Backhaus mit seinem alten Lehmofen und den Polstern erinnert an Omas Wohnstube. Hier schmeckt der hausgemachte Kuchen oder das kräftige Frühstück genauso gut wie das Mittagsmahl.

Kräftige Holzbalken zieren die prächtige Diele, welche zum Restaurant umfunktioniert wurde. Sommers wie winters sind die Tische hier gut besetzt und auch für große Veranstaltungen jeglicher Art ist der Raum hervorragend geeignet. Empfehlenswert sind die kulinarischen Höhepunkte wie Büfett-Abende oder saisonale Themenangebote, beispielsweise Spargel- oder Wildwochen, die zum Auftakt der Saison immer wieder Überraschungen bereithalten.

Familie Bußmeyer bietet den Gästen stets ein großes Spektrum, von der typisch artländischen Küche, ländlich und bäuerlich, bis zu feinen Speisen, je nach Jahreszeit mit leichter Küche und Vehser Wels oder kräftigem Rotweinbraten sowie Wildgerichten, delikat zubereitet.

Ausgezeichnet ist auch Eltings Original Artländer Bauernfrühstück, welches Familien und Einzelpersonen gleichermaßen anspricht. Stets willkommen sind Gruppen, die nach Vorankündigung die Hofanlage besichtigen und gleichzeitig gut speisen

Hof Elting-Bußmeyer
Café, Restaurant & Hofladen
Familie Bußmeyer

Vehser Straße 7
49635 Badbergen / Vehs

Telefon 0 54 33 / 2 79
Telefax 0 54 33 / 13 67

Ruhetage: Montag, Dienstag
(außer nach Absprache)

Ein Schmuckstück mit zahlreichen Facetten ist der Hof Elting-Bußmeyer. Die großzügige denkmalgeschützte Hofanlage, 1744 entstanden, vermittelt die Ursprünglichkeit artländischer Bauerngebäude. Gleichzeitig ist sie mit allem Komfort ausgestattet und bietet vielerlei Spezialitäten – im Restaurant, Café oder Hofladen in heimeliger Atmosphäre.

Noch heute ist der landwirtschaftliche Betrieb voll bewirtschaftet und mit ein wenig Phantasie kann man sich lebhaft

können. Da genügend Platz vorhanden ist, sind auch große Veranstaltungen möglich. Auch Kinder haben genügend Bewegungsfreiheit. Und wer die nähere Umgebung erkunden möchte, kann vom Ausflugsservice profitieren. Bußmeyers helfen beim Organisieren von Jagdausflügen, Planwagenfahrten oder Giebeltouren

und geben gern Tipps für weitere Erlebnistouren.

Allerdings kann man ohne weiteres viele Stunden direkt auf dem Gelände verbringen. Außer der Hofbesichtigung und den verschiedenen Goasträumen sowie einer schönen Terrasse unter 300 Jahre alten Eichen und Buchen sorgt neuerdings eine Boule-Bahn für Unterhaltung.

Nicht versäumen sollte man einen Abstecher in den Hofladen, der ein bisschen an die Tante-Emma-Läden alter Zeiten erinnert. Ob selbst gebackenes Brot, Konfitüren oder Fruchtweine, hier findet man immer eine „Nascherei" zum Verschenken oder Selbstverwöhnen. Bei Bedarf kommen die Spezialitäten und Büfetts zu Feierlichkeiten direkt ins Haus. Ohne Frage also ein Hof, der seinen Besuchern gern Traditionelles näher bringt, verbunden mit allen Annehmlichkeiten.

HOTEL RESTAURANT ZUM HEIDEKRUG

Die Gaststube mit Theke blieb als Kommunikationstreffpunkt erhalten, hinzu kam ein Wintergarten, der sich in mediterranem Stil und mit seiner schlichten Eleganz hervorragend in die gesamte Anlage integriert. Ein schöner Rahmen, vom reichhaltigen Frühstücksbüfett bis zum Abendmenü sowie für kleine Familienfeiern. Die angrenzende blumengeschmückte Terrasse wird in den Sommermonaten von den Gästen gern genutzt. Auf der „Sonnenfläche" und im Biergarten fühlen sich Radtouristen und Familien wohl, da genügend Freiraum, auch für die Kleinen, vorhanden ist und der Hase-Ems-Weg unweit vom Haus vorbeiführt. So lässt sich das Freizeitvergnügen hervorragend mit einer guten Mahlzeit verbinden. Sehr beliebt sind die sommerlichen Grill-Büfetts, die durch ihre Vielfalt und Frische den Abend unvergessen machen. In der Speisekarte werden vorzugsweise regionale aber auch überregionale Gerichte angeboten und stets gibt es zusätzliche Schlemmereien, die spontan hinzukommen. Auch Sonderwünsche werden gern berücksichtigt. Ob Medaillon, Fischfilet oder leckere Desserts, hier wird mit Freude gekocht.

Sportlich betätigen kann man sich auf den zwei Bundeskegelbahnen. Wer die Gegend erkunden möchte, kann Räder ausleihen. Der Bootsanleger der Hase ist zu Fuß erreichbar und der Alfsee mit Wasserskianlage, Segel- und Surfschule nur wenige Kilometer entfernt. Bei der Organisation des Aufenthalts ist man gerne behilflich. Am besten, Sie kommen und genießen selbst ...

„Im Hasetal ist immer etwas los", so könnte der Slogan für dieses Erholungsgebiet lauten, denn neben Ruhe gibt es viele Möglichkeiten aktiv zu sein: auf hervorragenden Radwanderwegen, auf idyllischen Reitpfaden oder per Boot. Draisinenfahrten, Gartentouren oder Kunstwegetouren runden das Angebot ab. Und mitten im Hasetal, am Rande des hübschen Städtchens Bersenbrück, liegt das familiäre Hotel und Restaurant Zum Heidekrug, das von den Familien Mölders und Buschermöhle geführt wird. Aus dem einstigen Kolonialwarenladen mit Poststelle wurde in den Fünfzigern eine Gaststätte, die Elisabeth Mölders seit 1951 mit viel Tatkraft führte. Schon damals war die Küche hier beliebt und mittlerweile sind ihr Sohn Wilhelm Mölders, seine Frau Ursula und die Enkelin Jutta Buschermöhle für den guten Gastbetrieb weithin bekannt. Mit viel Geschick wurde das Haus inzwischen umgebaut und um einen Hoteltrakt ergänzt, mit sehr empfehlenswerten Hotelzimmern, die freundlich und nach neuestem Standard eingerichtet sind. Selbst an eine Garderobe für nasse Kleidung oder einen Föhn ist gedacht und nette Dekorationen schaffen Gemütlichkeit.

Hotel Restaurant
Zum Heidekrug
Familie Mölders & Buschermöhle

Neuenkirchener Straße 9
49593 Bersenbrück

Telefon 0 54 39 / 30 41
Telefax 0 54 39 / 60 92 47

Nur wenige Bauernhöfe liegen in diesem verträumten Winkel des Artlandes, und dennoch ist der Wieruper Hof gut bekannt. Seit 20 Jahren steht die Hofbackstube von Gabriele und Klemens Schröder in Menslage-Wierup und stets weht ein angenehmer Duft um das Haus. Es riecht, wie man so schön sagt, „zum Anbeißen gut". Die Brote und Kuchen mit Zutaten aus biologischem Anbau werden auf Wochenmärkten angeboten oder auf Bestellung gefertigt.

Aus Überzeugung entschied sich das sympathische Ehepaar Bio-Produkte herzustellen. Nach uralten Backtraditionen, versetzt mit einem Schuss Experimentierfreude, entsteht hier Vorzügliches. Das Getreide stammt von Bio-Bauern aus dem Artland und wird stets auf eigenen Steinmühlen frisch vermahlen. Hauseigener Sauerteig, ohne chemische Zusätze, macht das Brot schmackhaft und bekömmlich.

Rund 20 verschiedene Brotsorten werden gefertigt, vom reinen Roggenbrot über Dinkelbrote bis zu Baguettes. Etwas Besonderes sind die fein gemahlenen Vollkornbrote und das Landschwarzbrot, welches 24 Stunden gebacken wird.

Bei den Broten und Brötchen wird häufig Dinkelmehl eingesetzt und eine empfehlenswerte Spezialität sind die Kamut-Brötchen. Ihr Ursprung liegt in Ägypten und wegen ihrer guten Bekömmlichkeit sind diese Brötchen äußerst beliebt. Auch Weizen-Allergiker können diese Sorte genießen.

Eine regionale Spezialität sind die Sonntagsweggen, Laibe aus süßem Teig, die mit Cashew-Kernen und Rosinen verfeinert werden. Mandelhörnchen aus Kamutmehl, Nussecken oder Pfauenaugen und ein vorzüglicher Mohnkuchen oder Obstiges wecken den Appetit.

An manchen Tagen geht es besonders munter zu auf dem Hof, wenn Kindergruppen zum Mitbacken eingeladen sind. Künftig werden auch Aktionen für Erwachsene angeboten, wie französisch Backen oder Süßes zu Feiertagen. An Ideen mangelt es nicht, am besten man schaut öfter mal auf den Wochenmärkten in Osnabrück, Quakenbrück, Lingen oder direkt beim Hof vorbei.

Wieruper Hof-Backstube
Klemens Schröder

Bomesweg 7
49637 Menslage

Telefon 0 54 37 / 14 89
Telefax 0 54 37 / 90 20 46

DAS KLEINE RESTAURANT

Das Kleine Restaurant

Kampstraße 3
49610 Quakenbrück

Telefon 0 54 31 / 25 01

Ruhetag: Dienstag

Zu den schönsten Plätzen in Artland zählt die alte Hansestadt Quakenbrück. Schmale Gassen und wunderschöne Handelshäuser zieren die Altstadt, die sich den Charme alter Zeiten bewahrt hat. Nicht weit vom sehenswerten Zentrum entfernt liegt Das kleine Restaurant. Hinter seiner unscheinbaren Fassade offenbart sich schlichte Eleganz und die erlesene Küche von Frank Abeln.

Klare Linien und Farben dominieren die beiden miteinander verbundenen Gasträume, die insgesamt Platz für 35 Besucher bieten. Kenner wissen, dass hier ein Meister seines Fachs den Kochlöffel schwingt. Mit Stolz könnte er auf seinen Werdegang und Lobeshymnen verweisen, übt sich aber in Bescheidenheit. „Ich sehe mich als Koch, der Freude an der Arbeit und am Experimentieren hat", betont er.

Mit viel Natürlichkeit verstehen Frank Abeln und seine Mitarbeiter es eine ungezwungene und unkomplizierte Atmosphäre zu schaffen. Freunde der gehobenen Küche sind in Das Kleine Restaurant stets an der richtigen Adresse. Wechselnde Drei-Gang-Menüs oder die Menues miniature (5–6 Überraschungen) begeistern, aber auch ein gebratener Ziegenkäse oder Rucola-Spargelsalat als Hauptspeise sind möglich. Bei Wachtelbrüstchen mit Melonenchutney wird das Arbeitsessen oder der Abend zu zweit garantiert ein Erfolg. Das Gemüse wird stets mit besonderer Raffinesse zubereitet, ist hier mehr als eine Beilage. Eigenwillige Kombinationen, wie Grünkohl mit Zander, oder Wildvariationen munden bestens.

Klassische französische ebenso wie mediterrane Einflüsse sind unverkennbar, doch auch regionale Spezialitäten kommen nicht

Glasierte Wachtelbrüstchen mit Melonenchutney

Zutaten
(Menge für mehrere Gerichte ausreichend)

875 g Zucker
375 ml Essig (Weißwein)
1 kg gewürfelte Melone
(verschiedene Sorten,
keine Wassermelone)
1 Lorbeerblatt
3 Nelken
15 g Salz
10 g Ingwer
20 g Meerrettich
20 g Currypulver
je 1 rote und gelbe Paprika,
gewürfelt
2 Orangen (Saft und Filet)
50 g Rosinen

Zubereitung

Alle Zutaten zusammen aufkochen.
Einen Teil zum Fleisch verwenden,
Rest in Weckgläser geben.
Schmeckt auch gut als Beigabe
zu Salat.
3 Wachtelbrüstchen pro Kopf
braten, zusammen mit dem Chutney
servieren.

zu kurz. Gourmets werden also stets zufrieden
gestellt, auch bezüglich der korrespondierenden Weine, die vorwiegend aus deutschen
und französischen Anbaugebieten kommen.
Die harte Schule als Kochlehrling in einem
Hamburger Nobelrestaurant, später in der
Spitzengastronomie mehrerer Häuser von
Norden nach Süden, war mitentscheidend für
Frank Abelns Erfolg. Oft wurden seine Kreationen ausgezeichnet und mehrfach arbeitete
er mit anderen Könnern zusammen, beispielsweise in Harald Wohlfahrts Palazzo, das
deutschlandweit ein Renner der Spitzenklasse
ist. Nach den Wanderjahren machte er sich
zunächst in Franken, dann im Löninger Cha-
Cha-Cha selbstständig, bis er sich für Quakenbrück entschied.
Zum Glück, denn somit kann man die Spitzengastronomie auch im bodenständigen
Artland genießen ...

UNTERWEGS IM EMSLAND

Haren

Im Emsland, dem „Land der vielen Wasser", schlängeln sich Ems und Hase durch eine reiche Kulturlandschaft und bieten Lebensraum für eine vielseitige Flora und Fauna. Die Flüsse, Seen und Bäche als Lebensadern und Freizeitparadies sind von blühenden Feldern und Wiesen gesäumt. Aber auch mystische Moore und weit ausladende Heideflächen, alte Buchen- und Eichenwälder oder Birken- und Wacholderhaine schöpfen aus den Quellen der Natur. Die Schifffahrt ist allgegenwärtig und Angler oder Wassersportler finden reiche Betätigungsmöglichkeiten.

Mühlen und Heimatmuseen zeugen von der Bewahrung traditioneller Techniken. Riesige Güter und Herrensitze sowie sorgfältig angelegte Parks neben bunten Bauerngärten und Kräuterhöfen zeigen die enge Bindung seiner Bewohner zu Natur und Kultur.

Just dort, wo die Hase in die Ems mündet und zum Dortmund-Ems-Kanal wird, liegt die ehemalige Festungsstadt Meppen. Der einstige Schutzwall ist von alten Bäumen gesäumt und mit Rasenflächen bedeckt. Romantisch ist die Altstadt mit ihrem Marktplatz und dem alten, aus Findlingen gebauten Rathaus. Viele Bürgerhäuser erstrahlen in frischem Glanz und als Kreisstadt mit guten Einkaufsmöglichkeiten ist immer etwas Trubel hier. Doch auch Ruhe lässt sich in der nahen Umgebung tanken. Ratschläge für verschiedenste Unternehmungen kann man im Kreishaus bei Emsland-Touristik erhalten.

Als Juwel barocker Sakralarchitektur gilt die Gymnasialkirche, die wegen ihrer repräsentativen Fassade und intakten zeitgenössischen Innenausstattung sehenswert ist.

Idyllisch sind die Koppelschleuse am ehemaligen Ems-Hase-Kanal und die nur wenige Schritte entfernte Höltingmühle, die auf einer Landzunge errichtet wurde. Oft wird sie für Trauungen gemietet und ist im Sommer auch als Café geöffnet. Die Paddler und andere Boote kann man von hier oder vom „Restaurant Bootshaus" gut beobachten.

Haren

Im nördlichen Emsland entfaltet die Schifferstadt Haren ihren Charme. Vielleicht kommen Sie gemütlich auf dem Wasserwege und bummeln anschließend durch die schöne Stadt. Lohnenswert ist ein Spaziergang zum Haren-Rütenbrocker-Kanal, um die Museumsschiffe und das Schleusenwärterhäuschen näher in Augenschein zu nehmen. Beschaulich geht es auch im Museum Mersmühle zu, das 500 Jahre Mühlengeschichte dokumentiert.

Über die Dächer hinweg erhebt sich die Kuppel von St. Martinus, auch „Emsdom" genannt. Dieser imposante Bau entstand nach dem Vorbild des römischen Petersdoms. Für Wasserratten ist das Freizeitgebiet Dankern am Dankernsee und unweit des Schlosses ein Paradies. Wasserski, Surfen, Spaßbad und Ferienhäuser sind ein Genuss für Familien. Wer golfen möchte, zudem das Besondere liebt, wird sicher von Gut Düneburg begeistert sein. Durch die Lüfte schweben ist vom Ultraleicht-Flugplatz aus möglich, aber auch an unserer nächsten Station in Lathen

oder Dörpen. Auf der Magnetbahn-Teststrecke des Transrapid „fliegt" man hier mit 450 Stundenkilometern durch die Lande, ein außergewöhnliches Erlebnis. Danach möchten Sie vielleicht selbst wieder aktiv werden, Kanu fahren, radeln, wandern oder im Planwagen sitzend Landluft schnuppern. Sollten Sie sich in Meppen oder Haren mit einem guten Mittagessen gestärkt haben, kann das Sightseeing weitergehen.

Vielleicht haben Sie aber auch ihre Zelte in einer der beiden Städte aufgeschlagen und wollen erst in den nächsten Tagen weiter. Egal wie der Zeitplan aussieht, auf jeden Fall wird ein Besuch in Papenburg zu den Höhepunkten zählen. Die von zahlreichen Kanälen durchzogene Stadt ist zwar nicht so bekannt wie Amsterdam, aber wie wir meinen, genauso schön. Wegen des vielen Grüns und des üppigen Blumenschmucks empfindet man die Wege entlang der Kanäle fast wie einen ungewöhnlichen Parkspaziergang. Nostalgische Zug-

und Klappbrücken überspannen die Kanäle, und die schmucken Häuser am Uferrand sind beliebte Fotoobjekte. Reichhaltig ist das gastronomische Angebot in urigen Kneipen und edlen Restaurants, die oft einen maritimen Charakter haben. Gern möchte man einmal Kapitän spielen beim Anblick der Brigg „Friederike", im Kanal direkt vor dem Rathaus, oder auf einem der anderen vertäuten Segelschiffe in den Kanälen, die ein lebendiges Schiffsmuseum ergeben.

Technik begeisterte werden einen Rundgang durch die Meyer Werft zu den wichtigsten Eindrücken zählen. Blicke in den laufenden Arbeitsalltag der Werftarbeiter, die an mächtigen Kähnen arbeiten, ziehen die Zuschauer an. Verblüffende Schiffsmodelle können bestaunt werden und informative Führungen runden die Werfttour ab. Im „Zeitspeicher" können die Kenntnisse noch interaktiv gefestigt werden. Für diese reizende Stadt ist ein Tagesbesuch fast zu kurz. Aber man kann ja wiederkommen ...

Bokeloh

Papenburg

GOLFPARK GUT DÜNEBURG

Golfpark
Gut Düneburg

Düneburg 1
49733 Haren

Telefon 0 59 32 / 7 27 40
Telefax 0 59 32 / 66 86

In einem wunderschönen Park mit altem Baumbestand schlummerte der einstige Herrensitz in Haren viele Jahre ruhig dahin. Doch dann wurde Dornröschen wach geküsst und in die märchenhafte Kulisse das romantische Hotel und Restaurant Gut Düneburg eingebettet. Unter mächtigen Baumkronen und vom Duft tausender Rhododendren sowie Holunderbüschen umweht, kann man lustwandeln wie einst oder den phantastischen Golfplatz für sich entdecken. Ferienwohnungen und der landwirtschaftliche Betrieb mit Pferden, Schafen und Rindern sind ideal für Familien und Naturliebhaber.

Ein feiner lila Schleier überzieht im Herbst die Heidelandschaft und diese, vielleicht auch das sagenumwobene Moor, zog schon vor Jahrhunderten die Menschen in der Region an. Johann Bernhard Lipper, Oberkriegskommissar und Meppener Amtsrentmeister, war einer dieser Bewunderer. 1729 übernahm er das Grundstück des jetzigen

Gutes Düneburg. Durch testamentarische Verfügung wurde der Jurist und Amtsmeister Josef Reinking 1836 als Erbe bestimmt. Seine Nachfahren haben die Schönheit und Güte dieses Besitzes weiter gesteigert und ein wundervolles Kleinod geschaffen. Die heutigen Besitzer Friedrich, Christel und Stefan Reinking haben mit der Erhaltung dieser historischen Gebäude und der

verwöhnen. Unter einer alten Holz-
balkenkonstruktion und mächtigen
Eichenständern stehen Massivholz-
tische und einladende Binsenstühle.
An kühleren Tagen trifft man sich gern
in einer gemütlichen Sitzecke am offenen Kamin oder an der großzügig gestalteten Theke.

Ein besonderes Flair hat auch der Clubraum „Im Moor", der für größere Gesellschaften genügend Platz bietet. Von der
sich daran anschließenden zentralen
Terrasse hat man einen unvergesslichen
Blick auf die wunderbare Golfland-
schaft. Gern angenommen wird auch
die Tagesbar „Heuscheune", die Golfer
genauso mögen wie Ausflügler.

Das kulinarische Angebot ist sehr vielfältig und abwechslungsreich. „Frisch
und jung" lautet die Devise des Küchenchefs Thomas Hartmann und seines
Teams. Bevorzugt werden saisonale und
regionale Spezialitäten. Die Feldfrüchte
kommen von den „Düneburg-Äckern",
wobei der heimische Spargel als abso-
luter Favorit gilt. Vor der Tür geerntet,
entfaltet er sein feines Aroma, egal, ob
er nun mit Schinkenspezialitäten oder
verschiedensten Fleischstücken kombiniert wird.

Landschaft ein wichtiges Stück emsländi-
scher Kultur bewahrt.

Im Herrenhaus und in den nach altem
Muster neu entstandenen Fachwerkhäusern
mit Giebeln und Lehm fühlt man sich als
Urlauber oder Geschäftsbesucher gleichermaßen wohl. Behaglich und komfortabel,
in elegantem Landhausstil, sind die Zimmer,
Appartements und Studios eingerichtet.
Brautpaare lieben die reizvolle Umgebung
und das schmucke Flair des Hauses und sind
stets von der entzückend dekorierten
Hochzeitssuite begeistert.

Wo einst Pferde wieherten, da ist jetzt die
„Torfscheune" entstanden. In diesem historischen Ambiente lassen sich nun Zweibeiner

Ob Lammkarree, Berglinsengemüse, Kartoffelsaltimbocca oder die wunderbaren Holunderdesserts, für jeden Geschmack ist etwas dabei. Wer gern Süßes nascht, wird bestimmt die leckeren Kuchen und Torten genießen, die von einer erfahrenen Mitarbeiterin handgefertigt werden.

In der Nebensaison wird oft in der Küche „experimentiert", dann kommen überraschend neue Spezialitäten auf den Tisch und auch Weinmenüs und Degustationen mit Traditionsweingütern locken.

Möchte man die vielen Köstlichkeiten zu Hause probieren, empfiehlt sich ein Abstecher in den Hofladen. Delikate Marmeladen, frisches Gemüse oder Würste – auch als Präsentkorb – können ausgesucht wer-

Mehrmals wöchentlich kommt der Frischfisch direkt vom Hamburger Hafen und wird gern mediterran zubereitet. Im häuslichen Bauerngarten gedeiht so manches Kräutlein, das man schon vergessen glaubte.

Frisch gepflückt gibt es den letzten Pfiff. Das Lammfleisch kommt unter anderem aus dem Gutsstall, das Wild aus der eigenen Jagd, und so lässt sich immer der Weg von der „Quelle" bis zum Teller nachvollziehen.

den und sind ein schönes Mitbringsel. Mit viel Freude widmet sich Familie Reinking den Freizeitangeboten ihrer Gäste und den „bäuerlichen" Wurzeln. Bei der Viehzucht ist ihnen der Erhalt seltener Rassen ein besonderes Anliegen. So gedeihen Bentheimer Landschafe, die zu den bedrohten Nutztieren zählen, prächtig auf Gut Düneburg. Die hochbeinigen Tiere mit schwarzen Zeichen an den Augen, Ohren und Füßen gelten als anspruchslose Tiere, ebenso wie die hell- bis rotgelben Rinder (schwäbisches Gelbvieh). Beide Arten werden wegen ihrer hervorragenden Fleischqualität von Kennern gelobt. Der Schafbock „Paganino" wird hingegen nicht so schnell in einem Kochtopf landen, denn er wurde 2004 von einer Fachzüchterjury zum „schönsten Bock Niedersachsens" gekürt.

Falls Sie ein Pferdefreund sind, kein Problem, auch diese gelehrigen Tiere werden bei Reinkings gezüchtet. Nicht selten findet man sie auf Turnieren wieder, zumal ihre Besitzer selbst in die eleganten Vierbeiner vernarrt sind.

Sind Sie ein Frischluftfanatiker, den weder Wind noch Nebel oder gleißende Sonnenstrahlen vom Golfplatz fern halten, dann gibt es nur eines: Die 18-Loch-Meisterschaftsanlage Gut Düneburg! David John Krause, weltweit bekannter Golfplatz-Architekt, entwarf die Anlage, und aus Fachkreisen kommen regelmäßig Lobesworte. Sandige Böden, Wasserläufe, herrliche Grünflächen auf der einen Seite, Wald und wellige, schwierig zu spielende Bahnen auf der anderen sorgen immer wieder für einen neuen Kick. Im Golfmagazin war zu lesen, dass die Back Nine hier vielleicht zu den besten Golflöchern gehören, die Krause je erdachte. Zu den besten Deutschlands, durchaus vergleichbar mit solchen in North Carolina, gehören die Bahnen 10 bis 17, knifflig ist die 18. Gerade diese Schwierigkeit sehen aber zahlreiche Greenfeegäste als neue Herausforderung. Die Anlage ist ideal für Clubmannschaften und Trainingsgruppen oder den familiären Golfurlaub. Beste Trainer und Schnupperkurse helfen das Handicap zu verbessern. Gut Düneburg jedenfalls ist zur Entspannung immer gut.

Karree vom Bentheimer Landschaf mit umbrischen Berglinsen und Kartoffelsaltimbocca

Zutaten

1,2 kg Lammkarree mit leichtem Fettdeckel
0,05 l Olivenöl
1 Zweig Rosmarin
0,1 l Spätburgunder
0,1 l Lammfond
1 Knoblauchzehe
Salz und Pfeffer aus der Mühle
20 kleine Kartoffeln
20 Salbeiblätter
20 Scheiben toskanischer Speck
50 ml Olivenöl
grobes Meersalz und Pfeffer aus der Mühle
150 g umbrische Berglinsen
20 ml Olivenöl
1/2 Knoblauchzehe
30 g fein gewürfelte Zwiebel
0,2 l Lammfond
je 0,1 l Wasser und Rotwein
50 g fein gewürfelter Staudensellerie
etwas fein gehackter Rosmarin, Salz, Pfeffer
20 g Butter

Zubereitung

Das Karree am Fettdeckel diagonal einritzen, mit Salz und Pfeffer würzen. In einem Bratentopf das Olivenöl erhitzen, das Fleisch zuerst auf der Fettseite anbraten.

Knoblauch und Rosmarin zufügen. Nun wenden und im Backofen bei etwa 150 °C ungefähr 20 Minuten auf den Punkt rosa braten. Nun das Fleisch entnehmen, Fett abgießen, mit Spätburgunder ablöschen und mit dem Lammfond auffüllen. Reduzieren lassen und leicht binden.

Die gekochten Kartoffeln einzeln mit einem Salbeiblatt belegen, in der Speckscheibe einrollen. In eine geölte Ton- oder Glasform legen, würzen. Bei 180 °C im Backofen etwa 10 Minuten backen, ab und an wenden.

Über Nacht eingeweichte Linsen etwa 10 Minuten blanchieren. Zwiebel und Knoblauch in Öl dünsten, Linsen zufügen. Zunächst Burgunder, Lammfond und Wasser zugießen. Dann Gewürze und Sellerie hinzu.

RESTAURANT ZUR EMS

Mit ruhiger Hand managt Hermann Held den Service, unterstützt von den Fachkräften, und kann hier sein Hobby mit dem Beruf verbinden. Er ist leidenschaftlicher Weinsammler, verfügt über mehr als 800 Positionen an Weinen in seinen klimatisierten Kellern. Weine aus der gesamten Welt sind vertreten. Das Lieblingsgebiet ist Frankreich, mit seinen speziell gereiften Bordeaux-Weinen. So sind alle Grand Crus aus verschiedenen Jahrgängen vorhanden. Weinfreunde finden dort Klassiker wie Petrus, Mouton Rothschild, Cheval Blanc ebenso wie große Weine aus anderen Ländern, wie beispielsweise Grange, Opus One oder auch die Supertoska.

„Ich berate gern, aber entscheiden muss der Gast" ist Hermann Helds Devise. Nach Absprache sind Besichtigungen oder Weinproben möglich. Eine weitere Leidenschaft des Hausherrn sind edle Brände. So hat der Gast die Qual der Wahl zwischen über 100 verschiedenen Digestifs. Eine stattliche Anzahl auserlesener Obstbrände, Marcs und Grappen steht neben alten und uralten Cognacs, Armagnacs und Brandys.

Nicht minder köstlich sind die Gaumenfreuden aus Silvia Helds Küche. Angeboten werden neben Frischfisch auch Krabben, Krusten- und Schalentiere und verschiedene Fleischgerichte (Schwein, Rind, Kalb, Geflügel, Lamm) und saisonale Speisen (Wild, Spargel).

W er das Wasser liebt wird vom Emsland begeistert sein, denn die zahlreichen Flussauen laden zum Wandern, Radfahren und „Schippern" ein. Die Schifferstadt Haren gehört zu den lohnenswerten Zielen und das Restaurant „Zur Ems" ebenfalls. Silvia und Hermann Held haben hier ein Restaurant mit Flair, gehobener Küche und außergewöhnlichem Weinkeller geschaffen. Eine mit allem erdenklichen Komfort ausgestattete Suite rundet das Angebot vorzüglich ab. Am Ufer der Ems gelegen gibt es von der Terrasse aus immer etwas zu sehen. Drinnen dominiert wohltuende Eleganz, die durch immer wieder wechselnde Accessoires fein abgestimmt ist. Küchenchefin Silvia Held ist nicht nur eine leidenschaftliche Köchin, wie sie ohne Umschweife bestätigt, sondern auch „Dekorateurin".

Restaurant Zur Ems

Emmelner Straße 2
49733 Haren (Ems)

Telefon 0 59 32 / 64 03
Telefax 0 59 32 / 6 97 70

Ruhetag: Montag
(außer an Feiertagen)

Einiges kommt aus Haren, wie der Räucher-
und Brataal und das Geflügel. Zum Harener
Ems-Spargel werden Parma-, Serrano- oder
Pata-Negra-Schinken gereicht, die herrlich
munden.

Nicht versäumen sollte man die „Fisch-
pfanne Zur Ems", mit Edelfischen aus Fluss
und Meer oder das Frühstück mit Nordsee-
krabben. Auch die Apfel-Käse-Suppe mit
Hähncheninnenfilet oder die gefüllte Perl-
huhnbrust lassen schon beim Lesen das
Wasser im Munde zusammenlaufen. Einmal
monatlich wird die Karte überarbeitet, so
dass auch Stammgäste immer wieder überrascht werden können. Das Brot wird selbst
gebacken, genauso wie die zarten Plätzchen,
die zum Kaffee oder Tee gereicht werden.
In diesem Sinne „probieren geht über stu-
dieren ..."

EMSLAND TOURISTK

Meppen ist ein typisches Beispiel für die Schönheit dieser Gegend und von hier aus lassen sich viele Touren starten. Die Emsland Touristik GmbH, im Kreishaus Meppen, hat die interessantesten Routen zusammengestellt und berät Einzelreisende wie Gruppen, hält immer aktuelle Tipps bereit.

Wie in vielen emsländischen Städten ist der Wasserreichtum auch in Meppen sehr präsent. Hier mündet die Hase in die Ems und rings um den historischen Stadtkern bahnt sich der Fluss seinen Weg. In der Fußgängerzone ist zweimal wöchentlich ein Markt und viele Cafés und Restaurants haben in dieser schönen Kulisse ihre „Freilichtplätze" eingerichtet, so dass das Bummeln doppelt Freude bereitet.

Ausgestattet mit Informationen über die zahlreichen Naturschönheiten und Sehenswürdigkeiten baulicher Natur kann der Weg in alle Himmelsrichtungen beschritten werden. Viele Urlauber sind begeistert von dem gut ausgebauten Rad- und Wanderwegsystem und können mit mäßiger Anstrengung weite Strecken zurücklegen.

Das flache Land und die vielen Einkehrmöglichkeiten, sei es auf einem Bauernhof mit Café oder Hofladen oder in einem einfachen Landgasthof bis zum gehobenen Restaurant, machen die Tour kulinarisch aufregend.

Von Meppen aus sind es nur 20 Kilometer zu den Niederlanden und da denkt man schnell an eine grenzübergreifende Radstrecke, die es natürlich gibt. Als United Countries Tour erstreckt sie sich über eine

Emsland Touristik GmbH

Ordeniederung 1
49716 Meppen

Telefon 0 59 31 / 44 11 27
Telefax 0 59 31 / 44 36 44

In den frühen Morgenstunden ziehen häufig Nebelschwaden über das Emsland und tauchen die Landschaft in ein milchiges Licht. Dunkle Gestalten erscheinen zwischen den weiten Moor- und Heidestrichen und entpuppen sich schließlich als wuchtige Bäume. Die mystische Stimmung verschwindet und man entdeckt Flussauen und alte, gut erhaltene Herrenhäuser, die Geschichten erzählen. Die Kreisstadt

Gesamtlänge von 600 Kilometern. Doch keine Angst, es gibt viele Teilstrecken, beispielsweise von Neuenhaus nach Emmen (45 km) oder von Papenburg nach Vlagtwedde (48 km). Dabei können Sie urwüchsige Moore besuchen, an Kanälen radeln und schmucke Ortschaften besichtigen. Einen herrlichen Rundkurs mit 270 Kilometern bietet die Emsland-Route, die im Süden bei Rheine startet und bis zum nördlichen Papenburg geht. Diese Stadt hat Bilderbuchcharakter und ist die älteste Fehnsiedlung Deutschlands, gleichzeitig Sitz der Meyer-Werft, die Besichtigungen bietet. Gleichzeitig kreuzt man auf beschaulichen Wegen die Wälder des Hümmlings und kann Großsteingräber besuchen. Die verschiedenen „Pedalwege" sind als Paket

buchbar, mit Gepäcktransfer und Übernachtung.

Die Emsland Touristik GmbH hat zudem Ausflugsziele für Spaziergänger, Wanderer oder Autofahrer ausgearbeitet. Schöne Bauwerke wie das Schloss Clemenswerth in Sögel oder das Haus Altenkamp in Aschendorf sind für Architekturbegeisterte eine wahre Fundgrube und die Heimathäuser sowie Feste lassen die Tradition hochleben.

So sind der Korn- und Hansemarkt in Haselünne und die „Kreuztracht", eine Karfreitagsprozession in Meppen, ausgesprochen reizvoll. Tja, und dann können Sie noch reiten, Kanu oder Ballon fahren und einfach nur die Landschaft genießen, ganz wie es gefällt.

RESTAURANT BOOTSHAUS

Gelegentliche Jazz- und Bluesabende sind bei Kennern beliebt und die zwei Live-Musik-Events, rund ums Bootshaus, längst kein Geheimtipp mehr. Die Liebe zum Detail ist an der kunstgewerblichen Dekoration genauso erkennbar wie bei den Speisen. Salate oder herzhafte Fleisch- und leichte Fischgerichte machen die Entscheidung schwer. Penne mit Meeresfrüchten und Champignons oder andere Spezialitäten begeistern und eine gute Weinkarte versteht sich von selbst. Alle Gerichte können auch als kleine Portion bestellt werden. Sonntags ist Brunch angesagt und für Nachtbummler gibt es täglich die „Late nighties", kleine, aber pfiffige Gerichte. Unter den rund 80 teils exotischen Cocktails, mit und ohne Alkohol, sind übrigens einige, die vom Morgen bis zum Abend reizen.

An der hellen Holztheke und der „Kneipenecke" trifft man sich gern auf ein Bier und einen netten Plausch. Wer es ausgefallen mag, wird die neue Lounge mit einladenden Sitzmöbeln bevorzugen und kann mittels eines Beamers je nach Jahreszeit anheimelnde Kaminfeuerbilder oder fröhliche

Vielfalt lautet das Zauberwort, mit dem das idyllisch gelegene Bootshaus Essen und Trinken seine Besucher erfreut. Denn sowohl die Räume, vom leicht rustikalen bis zum gediegen eleganten Stil, als auch die regelmäßig wechselnden saisonalen Gerichte begeistern. Unweit des Meppener Zentrums, direkt am Dortmund-Ems-Kanal, liegt dieses erholsame Plätzchen, welches auch Domizil des Wassersportvereins ist. Inmitten des Grüns schweift der Blick zur nahen Windmühle und heftet sich auf den regen Schiffsverkehr. Jens Waldhof hat 2002 hier seinen Traum vom eigenen Restaurant verwirklicht und mit viel ästhetischem Geschick eine Wohlfühlatmosphäre geschaffen. Singles, Familien, Sportler und Geschäftsleute gehen aus und ein, für jeden Geschmack ist etwas dabei.

Dank des ausgefallenen Ambientes sowie des gelungenen Konzeptes hat sich der junge Betrieb gut etabliert. Familienfeiern genauso wie Seminare werden hier nach individuellen Wünschen gestaltet.

Restaurant Bootshaus
Essen und Trinken

Widukindstraße 22
49716 Meppen

Telefon 0 59 31 / 28 48
Telefax 0 59 31 / 40 97 87

Ruhetag: Montag

146

Sommeransichten genießen sowie wichtige Sportübertragungen nahezu live miterleben. Ein Gläschen Champagner, vielleicht mit einer Krabbenvariation, oder ein herzhaftes Wildgericht mit einem guten Rotwein kombiniert werden im eleganten Clubraum zu einem vollendeten Genuss. Der helle Holzboden und das dezente Mobiliar sowie große Fensterfronten bilden hier eine gelungene Einheit. Und auch an kühlen Tagen lässt sich im gemütlichen Wintergarten die Sonne noch ein wenig festhalten, in Erinnerung an die schönen Tage auf der geräumigen Terrasse. Wie schön, dass Jens Waldhof seinen Traum vom Restaurant umgesetzt hat, den er jetzt mit netten Gästen teilen kann ...

Zanderfilet in Weißwein-Kräutersoße

Zutaten

1000 g frisches Zanderfilet
2 Schlangengurken
50 g Butter
etwas Mehl und Zucker
200 ml Weißwein
200 ml Sahne
Zitronensaft, Dill, Petersilie, Gewürze
Zitronenspalten

Zubereitung

Zander säubern, salzen und mit Zitrone säuern. Schlangengurken schälen, halbieren und die Kerne entfernen. Dann in etwa 5 mm dicke Scheiben schneiden.
Weißweinsoße:
Butter und Mehl in einem Topf erwärmen und mit Weißwein und Sahne ablöschen. Jetzt mit Zitrone, Zucker, Salz, Pfeffer und den frischen grob gehackten Kräutern abschmecken. Zander melieren und in Olivenöl auf der Hautseite ca. 5 Minuten anbraten. Dann wenden und weitere 5 Minuten garen. Kurz vor dem Anrichten die Gurkenstücke zugeben und leicht mitschmoren lassen. Nach Belieben würzen. 4 warme Teller mit Salat-Garnitur versehen, dabei die Zitronenspalten nicht vergessen. Schmorgurken verteilen und das Zanderfilet aufsetzen. Weißweinsauce darübergeben und den Tellerrand mit frischen Kräutern garnieren. Schwarz-weißer Reis oder Risolee-Kartoffeln passen besonders gut dazu.

LANDHAUS HUBERTUSHOF

Landhaus Hubertushof

Kuhfehnweg 12
49716 Meppen

Telefon 0 59 32 / 29 04
Telefax 0 59 32 / 90 30 04

Ruhetag: Dienstag
(für Hausgäste kein Ruhetag)

Wunderbar ruhig, ein bisschen versteckt im Grünen von Meppen-Hüntel, liegt das familiäre Landhaus Hubertushof. Aus dem ehemaligen Bauernhof ist ein reetgedecktes Kleinod geworden, das sich wunderbar zwischen Wald, Wiesen und Wasser einfügt. Das weitflächige Außengelände offenbart zu jeder Jahreszeit seine Schönheit. Mit seinem ländlich eleganten Ambiente laden das Restaurant und Hotel zum Bleiben ein. Chefin Claudia Wewers versteht es Komfort und Behaglichkeit zu schaffen, gleichzeitig eine abwechslungsreiche Küche zu bieten.

Das wunderschöne Haus wurde von Wewers Vater 1950 erbaut. Viel Liebe steckte der Architekt in diesen Entwurf und nach dem Umbau 1988 ist daraus ein komfortables Hotel geworden. In der gemütlichen Jägerstube und auf der ursprünglich gehaltenen Deele, die früher landwirtschaftlich genutzt wurde, lässt sich gut plaudern und speisen. Herzhafte emsländische Spezialitäten, genauso wie internationale Gerichte, wechseln sich ab. Stets achtet die Chefin auf regionale Produkte bester Qualität. Ob Feinschmeckermenü oder eigene Zusammenstellungen, für Vielfalt ist stets gesorgt.

Lange Zeit war das Leben der Familie von Landwirtschaft und Jagd geprägt, dies schlägt sich natürlich in der Karte nieder. Wildschwein, Reh oder Hirsch sind vor allem im Herbst und Winter beliebt und auch die Fischkarte ist reichhaltig. Ob Lachs in Weißweinsoße, Scholle oder ein zünftiger Matjestopf und natürlich köstliche Spargelgerichte, die Auswahl ist gut und reichhaltig. Naturliebhaber und Aktivurlauber sind hier gleichermaßen richtig, denn gute Wander- und Radtouren sind in unmittelbarer Nähe. Spaziergänge oder Bootsfahrten auf der Hase bieten sich an, sowie in Meppen und Haren. Tipps für Urlauber gibt es im Haus. Eins steht fest, wer einmal im Landhaus war, wird sicher gern wiederkommen.

In der sanften Hügellandschaft des „Hümmling" mit ihren weiten Heideflächen und dichtem Waldbestand sind Riesen zuhause. An überdimensionalen Tischen aus Granitblöcken halten sie nächtliche Versammlungen ab. Glauben Sie nicht? Na ja, solche und ähnliche Geschichten kursierten hier schon immer, der Wahrheitsgehalt ist eher bedenklich. Doch die Phantasie wird immer wieder angeregt, denn bis heute ist nicht geklärt, wie unsere Vorfahren die Gesteinsmassen bewegten, von denen die größten bei Werlte liegen. Ehrfürchtig steht man vor den Großsteingräbern, und die Architektur bewundernd, in der ältesten emsländischen Stadt Haselünne sowie vor dem Sögeler Schloss Clemenswerth.

Mächtige Kiefern und knorrige Buchen, dazwischen Lichtungen mit vereinzelten Birken und Erika so weit man schaut, mittendrin türmen sich steinzeitliche Findlinge. Einige sollen älter sein als die ägyptischen Pyramiden. Die tonnenschweren Gebilde, zu Grabmälern aufgerichtet, dokumentieren den Bestattungskult vergangener Zeiten. Je größer das Grab war, umso mächtiger waren die Verstorbenen zu Lebzeiten. Mit den Monumenten sollte ihr Weg im Jenseits nichts an seinem bisherigen Glanz verlieren. Die Steintürme waren ursprünglich mit Erde bedeckt und das eigentliche Grab sowie die beigelegten Schätze in der darunter liegenden Kammer.

Faszinierend ist der Anblick der Riesensteine noch immer und eine solche Fülle wie im Hümmling, auf dem Höhenrücken zwischen Lingen und Fürstenau, und auf dem Emsbürener Rücken findet man selten. Eines der größten Gräber, De Hoogen Stainer, liegt zwischen Werlte und Lorup. Viel über das Leben der „Großsteinerbauer" erzählt das Hunebedcentrum im niederländischen Borger.

Das emsländische Werlte, kurz vor dem Oldenburger Land gelegen, ist ein schmuckes Städtchen, das nicht nur der „Steinpracht" wegen einen Besuch lohnt. Mitten im Ort stehen eine prächtige Windmühle und das Bronzedenkmal mit Buchweizenbauern und Hollandgängern. Als kulinarische Spezialität wird hier Buchweizenpfannkuchen Jan Hinnerk angeboten, bei der zum Pfannkuchen Sirup, Käse und Brot gereicht werden. Klingt ungewöhnlich, schmeckt aber köstlich, genauso wie die Spirituosen der Destillerie Deitermann.

Die Kunst der Kornbrennerei prägte früher die Region und brachte ihr einen gewissen Wohlstand, der in der einstigen Kornbrenner- und Hansestadt Hasclünne deutlich wird. Sie ist nicht nur die älteste Stadt des Emslandes, sondern auch eine der schönsten. Ihre historische Altstadt und die idyllischen Winkel entlang der Hase laden zum Spaziergang ein. Im Naturschutzgebiet Wacholderhain sind die im Hümmling besonders häufigen tiefgrünen Wacholderkolonien ein herrlicher Anblick und zur Erheiterung trägt das „Wacholder-Abitur" bei. Im Brennereimuseum ist ebenfalls Weiterbildung angesagt. Das nächste Gläschen Schnaps dürfte nach diesem Besuch bewusster genossen werden. Stilvoll speisen, vielleicht mit einem vorzüglichen Wildgericht, kann man ganz in der Nähe, wie auf den nächsten Seiten zu lesen ist.

... UND EIN HALALI

Die Bräuche rund um das Jagdgeschehen, angefangen vom Halali bis zur Hubertusmesse, haben oft eine lange Tradition und schaffen ein Gemeinschaftsgefühl unter den Jägern. Einige sind wichtig zum Schutz der eigenen Person, wie das Jagdhornblasen oder Halali. Wohl am bekanntesten ist die Hubertusmesse, die den Schutzpatron der Jagd, den heiligen Hubertus würdigt. Für Jäger ist es Ehrensache daran teilzunehmen. Doch es gibt auch einige Feste, auf denen die Frauen und Männer in ihren bekannten grünen Uniformen zusammenkommen und mit ihren Bläsergruppen für Unterhaltung sorgen. Bei Umzügen sind sie ebenfalls gern gesehene Gäste.

Die Hauptjagdsaison ist im Herbst und Winter und in diesen Monaten sind die Wildgerichte auch am beliebtesten, wie uns die Köche bestätigten. Jagdsaison ist ganzjährig, je nach Tierart darf mehrere Monate erlegt werden. So darf das Rehwild ab Mai bejagt werden, Wildschweine ab August und Fasane ab Oktober, jeweils unterschiedlich lange.

All dies ist den „grünen Vertretern" natürlich bekannt, denn ohne Jagdprüfung und den entsprechenden Schein ist es nicht erlaubt, auf die Pirsch zu gehen. Als Zuschauer kann man gelegentlich dabei sein, vorausgesetzt, ein erfahrener Waidmann lässt die Begleitung zu und man selbst kümmert sich um das richtige Verhalten im Wald.

Ein wichtiger Bestandteil des jagdlichen Brauchtums ist das Jagdhornblasen. In Deutschland wird vorwiegend das Fürst-Pleß-Horn eingesetzt, auf dem sich alle hier gebräuchlichen Signale blasen lassen. Parforce- und Ventilhörner haben zwar einen guten Klang, werden aber überwiegend nur im konzertanten Bereich eingesetzt.

Viele Jagdsignale sind lange überliefert und werden von Bläsergruppen der Jägerschaften zu Geselligkeiten gespielt. Bei der Jagd werden genau festgelegte Signale geblasen, die jedem Kenner geläufig sind.

Das An- und Abblasen des Treibens wird öfter auch von Schaulustigen verfolgt. Imponierend ist es, wenn die Jäger mit ihrer Beute erscheinen. Zu feinfühlig sollte man nicht sein, um dabei „Spalier zu stehen" und sich zumindest vorher gut informieren lassen.

Einige Rituale machen den Waidmännern immer wieder bewusst, dass sie sorgfältig mit der Kreatur umgehen sollen und die Würde des Tieres wahren. So ist es üblich, das Wild zu „verblasen" mit den zugehörigen Totsignalen. Jagdliche Trophäen auszustellen ist schon seit Mitte des 18. Jahrhunderts Tradition. Jagdschlösser, Forst- und Jagdhäuser und auch Gasthäuser entscheiden sich gern für diesen Schmuck. Kapitale Hirschgeweihe sind seit jeher besonders beliebt und sollten früher den Stand und die Macht der fürstlichen Landes- und Jagdherren hervorheben. Heute ist es eher der persönliche Geschmack, der über die Trophäenschau entscheidet.

Eine weitere Sitte ist das Schüsseltreiben. Nach dem gemeinsamen Walderlebnis trifft sich die Jagdgesellschaft zum gemeinsamen Essen. Die Wildinnereien sind übrigens köstlich, aber immer für den Schützen bestimmt. Daher bekommt man sie relativ selten.

Nun werden die Erfahrungen ausgetauscht und so manche Geschichte aus der Vergangenheit erzählt. Nicht selten werden dabei die Abschüsse immer glänzender und die Geweihe immer größer. Leider kann man sie nicht begutachten, denn die besten sind schon verschenkt! Jägerlatein nennt man das, aber natürlich mit einem gewissen Schmunzeln. Und nach der ein oder anderen Runde mit Bier und Schnaps hat ja schon manch ein Zeitgenosse mehr erzählt, als er wollte.

LANDGASTHOF REDEKER

Hotel & Restaurant
Landgasthof Redeker

Laurentiusstraße 2
49740 Haselünne-Lehrte

Telefon 0 59 61 / 95 88 0
Telefax 0 59 61 / 65 71

Ruhetag: Dienstag
(November bis April)

Im idyllischen Hasetal, zwischen Meppen und Haselünne, liegt der ländlich geprägte Ortsteil Lehrte mit dem traditionsreichen Hotel & Restaurant „Landgasthof Redeker". Mit einem Kolonialwarenladen und einer Schankwirtschaft begann der Erfolgsweg des heutigen 3-Sterne-Hauses mit seiner gut bürgerlichen Küche für gehobene Ansprüche.

Bereits 1951 wurden die ersten Gäste von Familie Redeker bewirtet und 10 Jahre später die ersten Fremdenzimmer gebaut. Da sie über fließend kalt und warm Wasser und Zentralheizung verfügten – damals eine Seltenheit – wurden sie bereits als besonders komfortabel gelobt. Eine Übernachtung kostete vier Mark und ein Korn 25 Pfennig. Damals wie heute ist die famili-

Frischer Spargel mit kross gebratenem Zanderfilet und violetten Kartoffeln

Zutaten

2 kg weißer Spargel
1/2 El Salz
1 El Zucker
50 g Butter
600 g Zanderfilet
Salz, weisser Pfeffer
1 Zitrone
Mehl
640 g violette Kartoffeln
1 Tl Meersalz
75g Butter

Zubereitung

Spargel waschen und vorsichtig schälen. Angetrocknete Enden wegschneiden. In Salzwasser mit Zucker und etwas Butter etwa 20 Minuten sieden. Gut abtropfen lassen, anrichten und mit zerlassener Butter beträufeln.
Zanderfilets portionieren, mit Zitrone beträufeln, salzen, pfeffern und in Mehl wenden. Von beiden Seiten (Hautseite zuerst) goldgelb braten. Filets abtropfen lassen und anrichten.
Kartoffeln mit Schale in Meersalzwasser kochen. Anschließend pellen und in Butter schwenken.
Dazu schmecken zerlassene Butter, Sauce Hollandaise und Blattsalate in Joghurtdressing.

äre Atmosphäre im Hause für Irmgard und Friedrich Redeker sowie ihren Sohn Christian ein besonderes Anliegen. In den geschmackvoll gestalteten Zimmern im Landhausstil, den großzügigen Gartenanlagen, sowie im Dachwintergarten kann der Ruhesuchende beste Erholung finden. Eine Sauna, ein Solarium und 2 Kegelbahnen bieten Abwechslung. Besonders Radfahrer sind im Landgasthof herzlich willkommen, verschiedenste Auszeichnungen wurden dem Hause dafür verliehen.

Wer die kulinarischen Köstlichkeiten genießen möchte, der findet liebevoll eingerichtete Galleries räume vor, jeder mit einer besonderen Atmosphäre. Auf ein Bierchen trifft man sich gern im altdeutschen Schankraum und an kalten Wintertagen am liebsten im urigen Kaminzimmer. In der Friesenstube mit Grill und Theke ist es jederzeit auch für Feste gemütlich. Die weibliche Hand von Irmgard Redeker spürt der Gast besonders im Salon, der in dezenten Rosétönen und mit vielen Dekorationen aufwartet.

Im Mai und Juni ist es nicht leicht einen Platz im Restaurant zu erhaschen, denn für seine ausgezeichneten Spargelgerichte kommen die Gäste aus nah und fern. Friedrich Redeker schält jede Stange per Hand, in einer Geschwindigkeit, die jede Hausfrau erblassen lässt. Seine Frau Irmgard, Sohn

Christian und ihr Team zaubern daraus köstliche Gerichte.

Ob als Suppe, Salat oder Spargel pur, mit verschiedensten Beilagen, die Vielfalt ist beneidenswert.

Die weißen Stangen kommen aus kontrolliert biologischem Anbau und werden täglich à la Carte und zusätzlich zweimal wöchentlich als großes Spargelbüfett angeboten. Saisonal gibt es immer wieder besondere Spezialitäten, wie Pfifferlings-, Fisch- oder Wildwochen. Auch der typische Grünkohl zur kalten Jahreszeit und der hausgebackene Kuchen fehlen nicht. Die gut bürgerliche Küche wird hier verfeinert geboten und die Erfahrung von Mutter und Sohn ergänzt sich dabei bestens.

Christian Redeker ist als Koch und Betriebswirt viel herumgekommen.
In renommierten Häusern in Bad Zwischenahn, Hamburg, London, Dortmund und zuletzt in Berlin sammelte er wertvolle Erfahrungen und setzt diese nun in der Heimat ein.

Der unverwechselbare Charme des Landgasthofes und die an vielen Stellen noch unverfälschte Natur entlang des Haselaufes begeistern viele Gäste, die teilweise schon seit Jahren immer wieder hier Urlaub machen

JAGDHAUS WIEDEHAGE

Region, werden zu delikaten Menüs verarbeitet und für jeden Geschmack ist etwas dabei. Feine Gemüse verfeinern viele schmackhafte vegetarische Gerichte oder runden den kräftigen Fleischgeschmack ab. Vom Geflügel über Lamm bis zu diversen Wildvariationen reicht die Palette. Dem Namen Jagdhaus macht Küchenmeister Sanders, gemeinsam mit seinem erfahrenen Team, bei den zarten Rehmedaillons oder dem auf der Zunge zergehenden Hirschkalbsrücken alle Ehre. Weitere Wildspezialitäten sind vor allem in der kalten Jahreszeit in guter Auswahl vorhanden.

Die anspruchsvolle und kreative Küche ist weithin bekannt und auch die Weinauswahl hält dem Kennerblick stand. Ob Menü oder kleine Mahlzeit, alles wird mit Liebe zubereitet. Zum Kennenlernen ist besonders jeder Freitagabend zu empfehlen. Von April bis September gibt es als „Wochenendauftakt" jeweils ein Feinschmeckermenü und von Oktober bis März ein rustikales Schlemmerbüfett.

Eine ideale Gelegenheit Neues zu erkunden und dabei vielleicht auch Ideen für die nächste Familienfeier in diesem wundervollen Ambiente zu sammeln. Wer die heimischen Wände für Feste bevorzugt, braucht auf die Köstlichkeiten ebenfalls nicht zu verzichten, denn der Außer-Haus-Service kommt gern und macht das häusliche Tafeln zum Vergnügen.

Die lange Tradition des Restaurant Jagdhaus Wiedehage hat die Ortsgeschichte Haselünnes mit geprägt. Denn Richter Engelbert von Langen-Kreyenborg ließ das ursprüngliche Haus, mitten im Herzen des Emslandes, schon 1580 entstehen. Er muss wohl ein Freund gediegener Tafelfreuden gewesen sein und wäre als Gast beim heutigen Besitzer Franz-Josef Sanders sicher mehr als zufrieden.

Auf dem historischen Gelände wurde 1789 neu gebaut und alle späteren Renovierungen mit Bedacht ausgeführt, so dass der regionaltypische Stil erhalten blieb. Ein wahres Schmuckstück mit stilvollem Innenleben erwartet die Besucher und lässt jedes Mal zu etwas Besonderem werden. Das salonähnliche Restaurant strahlt Ruhe aus und der aufmerksame Service trägt zum Wohlfühlen bei.

Selbst trübe Tage sind im Kaminzimmer schnell vergessen und die Terrasse erinnert an südliche Gefilde. Hier bleibt die Alltagshektik verborgen und schwierig ist einzig die Entscheidung für ein bestimmtes Gericht.

Frische Zutaten, überwiegend aus der

Restaurant Jagdhaus Wiedehage

Steintorstraße 9
49740 Haselünne

Telefon 0 59 61 / 79 22
Telefax 0 59 61 / 41 41

Ruhetag: Dienstag
(Feiern ab 20 Personen möglich)

Der Charme vergangener Zeiten weht durch das Burghotel Haselünne, gleichzeitig offenbart sich modernster Komfort, der den Aufenthalt unvergesslich machen kann. Das frühere Stadtpalais Russel und der historische Burgmannshof Monnich wurden unterirdisch zum heutigen Vier-Sterne-Hotel vereint, das Entspannung pur bietet.

Romantische Stunden sind in den stilvollen Räumen, die über ein luxuriöses Interieur verfügen, kein Problem. Hier kann man sich fallen und fürstlich verwöhnen lassen und träumen von edlen Rittern oder entzückenden Burgfräuleins. Im einstigen Hansekontor oder dem lichtdurchfluteten Kuppelsaal sowie der Ritterdiele begegnet man mit ein bisschen Phantasie der elitären Adelsgesellschaft und freut sich zu sehen und gesehen zu werden. Vielleicht begibt man sich aber auch ganz einfach nur zum reichhaltigen Frühstücksbüfett oder zur kleinen Mahlzeit in der Burgschänke. Zum ausgiebigen Speisen wird gern das benachbarte Jagdhaus Wiedehage empfohlen, das für kulinarische Freuden sorgt.

Fast ist es zu schade die angenehmen Hotelzimmer zu verlassen, aber die finnische Sauna, der römische Whirlpool sowie das Dampfbad und Solarium reizen. Rückenmassagen oder Hot Stone Massagen lösen Verspannungen und das Abschalten vom Alltag kann beginnen.

Mit Tipps für Rad- und Paddeltouren oder kulturelle Erkundungen werden Aktiv-Urlauber gern versorgt und wer sich gern öfter mal einen Kurztrip gönnt, kann zwischen verschiedenen Pauschal-Arrangements wählen. Als Geschenk für die Partnerin oder den Partner eignet sich besonders das Angebot „Romantik-Wochenende" oder die „Rosentage". Auch Arrangements nach individuellen Vorstellungen sind möglich.

Für private Veranstaltungen, Seminare oder Clubtreffen sind die Räume ebenfalls ein passender Rahmen. Bis zu 120 Gäste finden Platz und werden dieses außergewöhnliche Ambiente sowie den überzeugenden Service sicher schätzen.

Burghotel Haselünne GmbH

Steintorstraße 7
49740 Haselünne

Telefon 0 59 61 / 94 33 0
Telefax 0 59 61 / 94 33 40

WEINE & SCHNÄPSE WALTER DEITERMANN

Verblüffend ist die Wein- und Sektauswahl. 800 Sorten aus dem In- und Ausland, vom preiswerten Tischwein bis zum edelsten Tropfen, warten auf die „Traubenfreunde". Gern nimmt sich Walter Deitermann selbst Zeit für eine ausführliche Beratung, die bei einer solchen Vielfalt gern genutzt wird. Der Weinschwerpunkt liegt beim weißen Riesling, der vorwiegend aus deutschen Anbaugebieten stammt. Bei den roten Tropfen werden französische, italienische und insbesondere Südtiroler Gewächse bevorzugt. Schon mehrfach wurde Deitermann zu einem der besten 400 Weinhändler Deutschlands gekürt und als bester Anbieter italienischer Weine sowie Bordeaux vom renommierten „Feinschmecker" ausgezeichnet. Auch Urkunden des Gault Millau und anderer „Juroren" zieren das Geschäft. Die Begeisterung für die verschiedenen Rebsäfte geben Deitermann und sein Team gern an Interessierte weiter. Regelmäßig im Frühjahr und Herbst gibt es ein „Probierwochenende" in der Brennerei und Weinproben zu Hause bei den Kunden sind ebenfalls möglich.

Als Mitglied und Vorsitzender des „Weinspektrum" (Fördergemeinschaft führender Weinfachhändler) ist der Chef stets darauf bedacht, seinen Kunden beste Qualität zu bieten. Er verbindet dabei sein Hobby mit dem Beruf und ist so ein kompetenter Ansprechpartner für Privatleute ebenso wie die Gastronomie. Bei größeren Mengen bietet er für Spirituosen und Sekt auch Wunschetiketten an. Ob mit eigenem Label oder nicht, eines ist sicher: Aus Werlte kommt beste Deitermann-Qualität...

Ein zünftiger Klarer hebt die Gemütlichkeit und gehört seit Jahrhunderten zu jeder Geselligkeit im Emsland. Dies weiß man auch in der Kornbrennerei Deitermann in Werlte. Sie ist eine der nördlichsten deutschen Destillerien und schon seit 1850 hier beheimatet. Noch immer gibt es dort hauseigene Schnäpse und gleichzeitig einen Wein- und Sekthandel, der seinesgleichen sucht. Zahlreiche Auszeichnungen belegen, dass die Walter Deitermann GmbH ihr Handwerk beherrscht.

In der eigenen Brennerei werden rund 40 Schnäpse und Liköre hergestellt. Spannend ist eine Besichtigung dieser „Geheimküche", bei der man nur erahnen kann, welch riesige Mengen Früchte oder Kräuter nötig sind, um daraus Liköre herstellen zu können. Ein angenehmer Geruch, nur leicht von Alkohol geschwängert, durchzieht die Räumlichkeiten und gern wird der Herstellungsprozess erklärt, vorausgesetzt, man hat sich vorher angemeldet.

Echter Werlter Korn oder ein Roggenkorn aus dem Barrique entstehen unter fachkundigen Händen, ebenso diverse Klare. Das Sortiment umfasst im Schnitt 500 Spirituosen, neben Aquavit oder Malteser natürlich auch verschiedene Grappen oder Cognacs.

**Weine & Schnäpse
Walter Deitermann GmbH**

Hauptstraße 76
49757 Werlte

Telefon 0 59 51 / 8 40
Telefax 0 59 51 / 7 65

Ruhetag: Sonntag

158

MOORLANDSCHAFT, FLUSSAUEN UND ERHOLUNG AM SEE

An die harte Arbeit der Torfstecher erinnert nur noch wenig in den Mooren rund um Twist. Wie ein riesiges Feuchtbiotop, unterbrochen von Heideflächen, Büschen und vereinzelten Bäumen, breitet sich die reizvolle Landschaft aus. Zahlreiche Vögel nisten auf den schwer zugänglichen „Inseln" und immer wieder einmal huscht ein Tier durchs dichte Gebüsch. Herrlich ist es hier im Juni, wenn das Wollgras blüht und seine weißen Schleier kunstvoll auslegt. Im südlichen Bourtanger Moor liegt das Örtchen Twist, das mit seinen gepflegten Häusern und großen Bauerngärten noch dörflich idyllisch wirkt. Das niederländische Naturschutzgebiet Bargerveen ist nach wenigen Kilometern erreicht und wegen seiner einzigartigen Hochmoorvegetation bekannt. Über 220 Vogelarten wurden hier gesichtet und typische Torfmoose faszinieren.

Der Wohlstand in dieser Gegend kam durch die Erdöl- und Erdgas-Förderung, der ein eigenes Museum in Twist gewidmet ist. Die ruhige Umgebung in der moorigen Oase ist für Wanderer und Radfahrer bestens geeignet und viele Routen sind grenzübergreifend.

Twist selbst ist ruhig, aber die Städte Meppen und Lingen sind schnell erreicht, so kann man Land- und Stadtluft gleichermaßen schnuppern. Wer sich für die Geschichte des Torfabbaus interessiert, kann einen Abstecher zum Emsland-Moormuseum in Geeste/Groß Hesepe machen, das auf dem Weg Richtung Lingen liegt. Als größte emsländische Stadt bietet Lingen kulturell und freizeitmäßig viele Facetten. Bewunderung rufen die Bürgerhäuser und der massive Pulverturm hervor, der an die Vergangenheit als Festungsstadt erinnert. Schön ist auch das alte Rathaus mit seinem Treppengiebel und dem Figurenspiel. Konzerte, Theateraufführungen und traditionelle Feste finden regelmäßig statt. Alle drei Jahre ist das farbenprächtige Kivelingsfest, das an die Kivelinge (ledige Männer) erinnert, die 1372 Lingen vor dem Feind schützten. In den Emsauen stellt sich die Erholung von selbst ein und wunderschön ist es im romantischen Erholungsgebiet Hanekenfähr, mit seinen alten Schleusen und der grünen Lunge.

Die beschaulichen Ecken und der Trubel der Innenstadt ergänzen sich sehr gut in Lingen und die zentrale Lage macht Ausflüge zur Grafschaft Bentheim oder zum Münsterland ohne lange Anfahrten möglich. Bevorzugt man jedoch die ländliche Umgebung als Urlaubsdomizil, ist die Samtgemeinde Freren empfehlenswert. Wiesen und Wälder säumen den Weg und etliche historische Stätten warten. Hünengräber der Jungsteinzeit, alte Kirchen mit markanten Türmen und Bürgerhäuser erfreuen die Betrachter.

Fruchtbare Böden und große Gehöfte weisen auf die meist seit Generationen betriebene Landwirtschaft hin. Mit neuen Konzepten wird den Feriengästen der Aufenthalt versüßt. Planwagenfahrten und ein Nordic-Fitness Park sowie Themenwege für Radfahrer und Wanderer bringen Abwechslung.

Bestens verpflegen kann man sich in Hofläden und verwöhnen lassen beispielsweise in Ever's Landhaus. Malerisch ist der Saller See im gleichnamigen Erholungsgebiet. Schatten spendende Bäume, dichtes Gebüsch und Sonne, die sich auf dem Wasser spiegelt oder die Lichtungen in helles Licht taucht, hier ist genügend Platz zum Wohlfühlen. Die ideale Lage des Hotels Saller See macht den Restaurantbesuch zum Vergnügen und seine Zimmer bieten besten Komfort. Möchten Sie gemächlich die weitere Umgebung erkunden, empfehlen sich die Giebelroute für Radfahrer und der Töddenroute-Wanderweg, der die Spuren der Tödden (Kaufleute) verfolgt.

GASTHOF BACKERS

Gasthof Backers

Kirchstraße 25
49767 Twist-Bült

Telefon 0 59 36 / 90 47 70
Telefax 0 59 36 / 90 47 79

Ruhetag: Dienstag

Naturliebhaber und Feinschmecker kennen das emsländische Twist, unweit von Meppen, kurz vor der holländischen Grenze, und den Ortsteil Bült von seiner besten Seite. Denn hier gibt es im Gasthof Backers seit über 160 Jahren gepflegtes Essen und Gemütlichkeit. Diese Familientradition haben Helmut und Irene Backers in der fünften Generation erhalten und mit kulinarischen Spezialitäten bereichert, die weit über die Grenzen hinaus bekannt sind. Wildgerichte aus heimischer Jagd und französisch angehauchte Spezialitäten überzeugen gleichermaßen und die vier, erst kürzlich renovierten, gemütlichen Zimmer laden zum Bleiben ein.

Wohlige Wärme und Eleganz strahlen das mit viel Holz ausgestattete Restaurant sowie das Jagdzimmer aus, die wie der lichtdurchflutete Saal gern für Feierlichkeiten genutzt werden. Die Nähe zu mehreren ausgewiesenen Rad-Wanderwegen, einige auch grenzüberschreitend, bringt es mit sich, dass gern auch Radler hier Einkehr halten. Für einen Kurzurlaub mit Ruhe und Genuss ist das Haus geradezu prädestiniert. Irene Backers als herzliche und zuvorkommende Gastgeberin und Helmut Backers als erfahrener

Koch mit zahlreichen Auszeichnungen verwöhnen jeden Besucher mit Qualität und Kreativität. Zum Service gehören auch Tipps für Kurzurlauber und das ein oder andere Küchengeheimnis.

In der Schweiz, Frankreich und im Münsterland war Backers in renommierten Häusern tätig und lässt diese Einflüsse gern in seine Küchenkreationen einfließen. So sind mediterrane Speisen ebenso üblich wie echte Emsländer Spezialitäten, die er auf seine spezielle Art verfeinert. Er liebt immer wieder neue Herausforderungen, variiert daher häufig die Angebote und bleibt dabei immer einer Linie treu: frische jahreszeitliche Zutaten aus der Region und nur natürliche Kräuter sowie Gewürze ohne Zusatzstoffe oder Gluten.

Wildenten, Fasane oder Hasen sind vor allem in den kalten Monaten beliebt, stammen alle aus der heimischen Jagd. Die Fasanenkraftbrühe mit Pistazienklößchen oder Hasenterrine mit Marmelade von roten Zwiebeln lassen schon auf dem Teller die Geschmacksnerven arbeiten. Etwas deftiger und dennoch fein sind die hausgemachten Rehbratwürstchen mit Rahmwirsing. Doch auch Jakobsmuscheln oder Seeteufel sowie vegetarische Überraschungen lassen aufhorchen.

Eine reiche Weinauswahl rundet die Gerichte bestens ab und beliebt sind die regelmäßigen Weinproben, die gemeinsam mit Winzern veranstaltet werden. Wer in die

Fasanenterrine

Zutaten

200 g mageres Schweinefleisch
400 g Fasanenfleisch aus Brust
und Keule
2 Fasanenbrüste
400 ml Sahne
2 cl Madeira, 2 cl Weinbrand
Salz, Pfeffer, Thymian
30 Pinienkerne oder Pistazienkerne
etwa 200 g „grüner" Speck, in dünne
Scheiben geschnitten

Zubereitung

Das Schweine- und Fasanenfleisch
in kleine Würfel schneiden, gut salzen
und pfeffern, Weinbrand und Madeira
sowie Thymian zugeben, etwa 20 Minuten marinieren lassen. Nach und
nach je ein Drittel des Fleisches und
der Sahne in die Moulinette geben und
zu einer feinen Farce pürieren. In einer
Schüssel mit den Pistazienkernen gut
vermengen. Fasanenbrüste kurz in einer
Pfanne von beiden Seiten anbraten und
sofort wieder herausnehmen. Eine Terrinenform mit den dünn geschnittenen
Speckscheiben auslegen, Farce zur
Hälfte einfüllen, Fasanenbrüste in der
Mitte platzieren, restliche Farce auf-
streichen. Mit Speckscheiben bedecken,
gut andrücken, mit Alufolie abdecken
und im Wasserbad im Ofen bei 170 °C
etwa 50 Minuten garen.

Kochgeheimnisse eingeweiht werden
möchte, der hat auch dazu Gelegenheit.
In Gruppen von maximal 16 Teilneh-
mern finden regelmäßig Küchenpartys
statt. Dort wird gemeinsam gebrutzelt
und anschließend getafelt, mit bestem
Erfolg. Getreu der Devise „man kann
immer etwas dazulernen" beteiligt sich
der charmante Koch regelmäßig an Koch-
wettbewerben auf nationaler und inter-
nationaler Ebene. Schon mehrfach wurde
er für seine Künste ausgezeichnet und
mag den Vergleich mit Gleichgesinnten,

obwohl dieser anstrengend sei, wie er
betont. Kein Wunder, dass er vom Feinschmecker ausgezeichnet wurde und in
den einschlägigen Gastronomieführern
wie Michelin oder Varta erscheint.
Überzeugend ist die natürliche Atmosphäre bei Backers, trotz der großen
Bekanntheit. So ist ein Besuch bei Backers
in Bült immer wieder ein angenehmes
Erlebnis sowie der individuelle Catering-
Service (bewusst ohne standardisiertes
Angebot) eine wunderbare Ergänzung
zum Restaurantbesuch.

WILLENBROCK HANDEL FÜR WEINE & DELIKATESSEN

Pumpernickel oder deftiger Wurst und internationale Köstlichkeiten. Gänseleberpastete aus Frankreich oder Emsländer Edelbrände und italienische Nudelspezialitäten sind hier bestens vereint und lassen das Wasser im Munde zusammenlaufen.

Pralinen mit zartem Schmelz oder Marmeladen nach überlieferten Landfrauenrezepten sind genau das Richtige für Leckermäuler. Neu im Sortiment sind hochwertige Kaffees, die im Lingener Geschäft auch an einer kleinen „Kaffeebar" probiert werden können. Nur erlesene Sorten, vorwiegend Hochland Arabica, die speziell geröstet sind, kommen hier in die Tüte. Durch die ausgesuchte Qualität und sorgfältige Behandlung der Bohnen sind aromatische und gleichzeitig gut verträgliche Kaffees garantiert. Eine gute Ergänzung zu den Teespezialitäten, die ebenfalls immer mehr Freunde finden.

Bei so vielen Köstlichkeiten ist bestimmt für jeden Geschmack etwas dabei und die alkoholischen Vertreter dürfen natürlich nicht fehlen. Das Weinsortiment ist gewissermaßen handverlesen. Hendrik Willenbrock pflegt enge Kontakte zu den Winzern, sei es in den deutschen

Willenbrock Handel für Weine & Delikatessen

Espenweg 1
49808 Lingen / Ems

Telefon 05 91 / 96 33 60
Telefax 05 91 / 96 33 636

Auf dem Thie 34 (Altstadt)
48431 Rheine

Telefon 0 59 71 / 9 14 97 20
Telefax 0 59 71 / 9 14 97 21

Geschenke erfreuen zu jeder Jahreszeit, doch oft stellt sich die Frage, welches Präsent wohl das passende ist. Für Genießer ausgefallener Spezialitäten, vom guten Tropfen bis zur süßen oder herzhaften Überraschung, wird man bei Willenbrock Handel für Weine und Delikatessen mühelos fündig. Ein wahres Mekka an Köstlichkeiten sowie Designartikeln offenbart sich dem Interessenten in den Willenbrock-Läden von Lingen und Rheine. Der renommierte Betrieb ist eine gute Adresse für den Privatkunden ebenso wie die Gastronomie, den Großhandel oder Unternehmen. Hendrik Willenbrock führt den von seiner Mutter Inge ursprünglich als Weinhandel gegründeten Betrieb mit Gespür für Kunden und Trends und steht neuen Ideen stets offen gegenüber.

Kompetente Fachberatung und ausgewählte Qualität sind hier selbstverständlich und der Kunde von nebenan profitiert ebenso davon wie Kunden aus aller Welt, die den ausgezeichneten Präsentservice nutzen.

In den übersichtlich und freundlich gestalteten Verkaufsräumen macht das Einkaufen Spaß. Gut gegliedert finden sich regionale Spezialitäten vom Rauchschinken bis zu

Anbaugebieten oder im Ausland, und hat
sich mittlerweile so viel Fachwissen ange-
eignet, dass er, soweit es seine Zeit zulässt,
auch als Sommelier agiert. Regelmäßige
Weinproben, ab 12 Personen, sind direkt
in seinen Geschäften möglich.
Rebsäfte quer durch Europa oder von Süd-
afrika bis nach Australien finden sich im
Sortiment und können nicht nur verkostet
werden, sondern sind in allen Preislagen
erhältlich. Edle Obstbrände sowie Grappen
oder Whiskeys, oftmals in dekorativen
Flaschen, verführen zum Kauf. Doch neben
all den leiblichen Genüssen sind auch
praktische oder witzige Designartikel für
den Wohnbereich zu finden. Wein oder
Sektkelche, Dekanter und dekorative Flaschen, gefüllt mit Hochprozentigem, sind
willkommene Überraschungen, die man
gern verschenkt oder sich selbst gönnt.
Fertige Präsentpackungen und Körbe stehen
bereit und individuelle Zusammenstellungen
sind jederzeit möglich, zum Mitnehmen
oder Verschicken. Diesen Service wissen
auch Firmen zu schätzen, die ihre Präsente
mit persönlichem Aufdruck bekommen
können.

HOTEL-RESTAURANT SALLER SEE

Wer die unverfälschte Natur liebt, wird von Freren entzückt sein, denn die attraktive Kleinstadt mit typisch emsländischem Charme und üppigem Grün ringsum ist ein ideales Ziel. In der Idylle des nahen Waldes und unmittelbar am See bezaubert das attraktive Hotel-Restaurant Saller See. Der Vier-Sterne-Komfort und die Spezialitäten des renommierten Küchenchefs Christian Rosteck vervollkommnen das Erlebnis.

Ein Haus wie dieses hat schon rein optisch Seltenheitswert. Wie mit der Natur verwachsen steht das Bauernhaus aus dem 15. Jahrhundert hier. Mit architektonischer Geschicklichkeit wurde es modernen Erfordernissen angepasst aber stilecht erhalten. Durch einen Glastrakt ist es mit dem Hotelbau verschmolzen.

Romantisch ist nicht nur die Lage, sondern auch das Ambiente. Im historischen Niedersachsenhaus scheint die Zeit still zu stehen, die Liebeslaube ist ein guter Tipp für besondere Tage. Im Himmelbett träumen, dabei in die Baumwipfel schauen, das ist Erholung von ihrer besten Seite. Alle Zimmer sowie Suiten sind behaglich und individuell eingerichtet. Für insgesamt 98 Feriengäste,

Kurzurlauber oder geschäftlich Reisende sind hier passende Übernachtungsmöglichkeiten. Der freundliche und wohnliche Charakter des Panorama-Restaurants und die große Terrasse, nur wenige Meter vom herrlichen Saller See entfernt, sind immer einen Besuch wert. Im Kaminzimmer ist es so richtig kuschelig und in der Seerose entfalten ungeahnte Lichteffekte ihre Wirkung. Als Festsaal oder Ausstellungsraum ist die rustikale Bauerndiele sehr begehrt.

Christian Rosteck war auch vom Saller See begeistert und so entschied er sich 2005 hier zu beginnen. Dem Wasser ist er treu geblieben, denn im 5-Sterne-Betrieb Bachmaier am See in Rottach-Egern lernte er. Das Landhaus Amman in Hannover, die Ente von Lehel in Wiesbaden sowie weitere Spitzengastronomien, unter anderem in der Schweiz, Österreich und Australien, waren weitere Stationen seiner Laufbahn.

Der junge und natürliche Küchenchef kocht gutbürgerliche Gerichte genauso raffiniert wie die gehobenen Varianten, dabei gern mediterran. Sein Steckenpferd ist die euroasiatische Küche. Rosa gebratene Entenbrust mit Zuckerschoten-Tomaten-Gemüse und

Saller See
Hotel-Restaurant

Am Saller See 3
49832 Freren / Emsland

Telefon 0 59 04 / 9 33 00
Telefax 0 59 04 / 9 33 02 22

Bärlauchgnocchi machen den Frühling noch bunter und Zanderfilet mit Balsamicolinsen ist leicht und lecker. Hausgebackene Kuchen und Torten oder Cremes, Flan und Co. erwarten die Leckermäulchen. Phantasievolle

Menüs mit Musik, Literatur oder das Theater-Menü, inklusive Fahrt zum Spielort, gehören zu den Höhepunkten und jeden ersten Sonntag im Monat wird gebruncht. Waren Sie schon dabei?

Rosa gebratene Entenbrust mit Gnocchi

Zutaten

4 Barbarie Entenbrüste

600 g Zuckerschoten, geputzt

4 Tomaten, 50 g Bärlauch

Salz, Pfeffer sowie Öl zum Braten

Gnocchi und Gemüse

500 g mehlig kochende Kartoffeln

3 Eigelb

80 g Butter (Zimmertemperatur)

300 g Mehl, Typ 405

Salz, Pfeffer und Muskat

600 g Zuckerschoten

4 mittlere Tomaten

Zubereitung

Entenbrust: Die Haut der Entenbrust über kreuz einschneiden, ohne das Fleisch zu verletzen. Auf der Hautseite kross anbraten, danach etwa 8 Minuten bei 160 °C im vorgeheizten Backofen fertig braten.

Gnocchi und Gemüse: Die gekochten Kartoffeln zerstampfen, nach und nach die Zutaten hinzugeben. 20 g schwere Kugeln formen und durch Rollen über eine Gabel mit dem typischen Muster versehen. In kochendes Wasser geben und darin 4 Minuten ziehen lassen. Dann abgießen und abschrecken. Zum Anrichten mit Bärlauch bestreuen. Zucker in der Pfanne ohne Zugabe von Wasser schmelzen, danach 50 g Butter und 1 Prise Salz hinzufügen, die Hitze reduzieren, Schoten und gewürfelte Tomaten hinzufügen und bei kleiner Hitze 2 Minuten garen.

CAFÉ AM HOF
EVERS LANDHAUS

**Café am Hof
Evers Landhaus**

Geringhusener Straße 2
49832 Freren

Telefon 0 59 02 / 4 00
Telefax 0 59 02 / 99 99 17

Ruhetag: Dienstag
(außer nach Absprache)

Gepflegte Bauernhöfe, oft mit prächtigem Fachwerk, sind wie bunte Tupfen zwischen saftigen Wiesen und Bächen im südlichen Emsland aufgereiht. Die Samtgemeinde Freren mit ihren Wäldern und blühenden Rapsfeldern ist ein besonders schönes Beispiel für die hiesigen Naturschönheiten, die man auf gemächliche Art bei einer Planwagen- oder Kutschfahrt intensiv erkunden kann. Und sobald sich der Appetit auf handfeste oder süße Leckereien einstellt, ist eine Pause im Café am Hof in Freren, bei Familie Evers, immer ein guter Entschluss.

Die Landwirtschaft ist das Hauptstandbein des traditionellen Betriebes, den Ernst-August und Margret Evers zusammen mit ihren Söhnen Jörg, Christoph und Rolf führen. Auf ihren fruchtbaren Böden gedeihen Mais, Getreide und Kartoffeln bestens, ebenso wie ihre Rinder.

Margret Evers fühlt sich wohl in der Landwirtschaft, hatte aber immer den Wunsch,
ein Café zu eröffnen. Gegenüber dem Hof
hat sich 2002 der Traum erfüllt und sie hat
das Landhaus-Café, welches auch eine ge-
räumige Ferienwohnung beinhaltet, mit viel
Geschick gestaltet. An hellen Holztischen
und vor großen Fenstern sowie auf der
ruhigen Terrasse wird das Essen im kleinen
Kreis oder bei Familienfeiern zum Vergnügen.

Stets ähnelt Margret Evers häusliche Küche
einer professionellen Backstube, denn alle
Kuchen und Torten produziert sie selbst
nach dem Motto „täglich tolle Torten".
Kannenweise verbraucht sie Sahne und die
Eiertabletts stapeln sich. Am liebsten essen
ihre Gäste nämlich Sahnetorten. Ob es nun
Schwarzwälder-Kirsch und Quarksahne sind
oder Preiselbeer- und Heidelbeersahne, sie
sehen äußerst verführerisch aus. Rhabar-
ber- und Stachelbeerkuchen mit feinem
Baiser oder Apfel-Wein-Torte sind ebenso
gut wie die Cappuccinotorte. Nach überlieferten Rezepten, mit eigenen Ideen gewürzt,

bereitet die „Konditorin" immer Neues zu.
So vielseitig wie ihre „Süßwaren" sind
auch ihre weiteren saisonal orientierten
Tafelfreuden. Individuelle Tischdekorationen, mit frischen Zweigen oder Blüten,
richtet sie gern den Kundenwünschen
entsprechend. In der Spargelsaison sind
oft die edlen Stangen mit frischen Cilena-
Kartoffeln vom eigenen Acker auf dem

Teller. Im Winter duftet es nach deftigem
Grünkohl und der Backschinken ist längst
kein Geheimtipp mehr. Kalte oder warme
Büfetts gibt es auf Anfrage und am ersten
Septemberwochenende sind immer „Kar-
toffelpfannkuchen-Tage" rund um das
Landhaus. Die Zutaten kommen vom
eigenen Hof oder aus der Nachbarschaft,
denn frisch soll es sein.

EIN BLUMENMEER UND KULTUR RUND UM EMSBÜREN

Wenn die Ems erzählen könnte, was sie so im Laufe der Jahre erlebte, wären bestimmt einige Geschichten rund um Emsbüren dabei. Denn die Gemeinde besteht seit 1200 Jahren und ihr Leben war immer beeinflusst von der günstigen Lage am Fluss mit ihren natürlichen Auen und dem Pflanzenreichtum. Der historische Stadtkern mit sorgfältig restaurierten Gebäuden gehört zu den malerischsten der Region und die Natur sowie Kultur sind hier eng mit dem Leben verbunden.

Bauerngärten und Kräuterhöfe, die uralte Pflanzenkulturen wiederentdeckt haben und diese auch gern Besuchern zeigen, sind über das ganze Emsland verstreut. In Emsbüren ist der Heilkräutergarten am Heimathof besonders schön. Etwa 200 verschiedene Sträucher, Bäume und Heilpflanzen sind hier angebaut und aufwändig beschriftet worden. Zudem sind sie so gesetzt worden, dass genau erkennbar ist, für welche Leiden das jeweilige Kraut Verwendung findet. Die Beete sind von Eibenhecken und Rosen umgeben, die das bunte Farbenmeer der Pflanzen ergänzen. Der Heimathof selbst besteht aus acht alten Fachwerkhäusern, darunter ein Backhaus und der Schafstall, die originalgetreu nachgebaut und mit bäuerlichen Geräten eingerichtet sind. Absolut sehens-

wert ist zudem der historische Pfarrgarten im Zentrum Emsbürens mit rund 200 alten Bäumen und Sträuchern.

Informativ und ansprechend ist der viereinhalb Kilometer lange Naturlehrpfad. Auf Themenpfaden kann man gezielt das eigene Wissen vergrößern oder die Parkanlagen und naturnahen Lebensräume erwandern. Schautafeln erleichtern das Erkennen. Ganz andere Dimensionen hat der 2006 eröffnete Emsflower Erlebnispark, der nahe am Schüttorfer Kreuz liegt. Auf 60 Hektar sind Produktion und Schaugarten sowie Freizeitmöglichkeiten geschaffen worden. Heimische und exotische Bäume, Sträucher und Blumen sind zu einem außergewöhnlichen Garten geworden. Die Blütenfülle ist einfach umwerfend schön, ebenso wie der entzückende Duft. In den meisten Schaugärten sind die Erklärungen übrigens deutsch und niederländisch, da viele Besucher über die Grenze kommen.

Die Gartenkultur hat hier, im südlichen Emsland, also ihren festen Platz. Doch auch weiteren Kulturgenüssen stehen alle Türen offen. Im Herbst finden die Emsbürener Musiktage statt, die 2005 bereits ihren 30. Geburtstag feierten. Diese Veranstaltung beinhaltet Meisterkurse, Vorträge und Konzerte mit hochkarätigen Musikern und wurde schon mehrfach vom NDR unterstützt. Neben der Musik hat auch die bildende Kunst ihren festen Platz in diesem Programm. Einige gastronomische Betriebe bieten gelegentlich Musik- oder Literaturabende an.

Im Haus Hoyer ist dies regelmäßig der Fall, genauso wie Ausstellungen im Café. Wer sich für die kulturelle Vielfalt interessiert, kommt am besten zwischen Juni und September zum KULTOURsommer ins Emsland. Die Blues- und Jazznacht oder das Opernfest unter freiem Himmel sowie die oben genannten Musiktage sind feste Programmpunkte. Hinzu kommen zahlreiche Höhepunkte, die Kinder wie Erwachsene begeistern.

Zu den schönsten Angeboten gehört das Kleine Fest im großen Park im Schloss Clemenswerth, Sögel, das trotz des Namens zu den größten Events zählt. An 20 Bühnenstandorten treten jeweils rund 60 Künstler aus verschiedenen Ländern auf. Theater, Comedy, Pantomime und natürlich Konzerte wechseln sich ab. Kulturell ist also immer wieder etwas los. Aktuelle Informationen gibt der VVV Emsbüren.

Der schönen Künste gibt es also genug und hinzu kommen überall interessante Stadtbesichtigungen. Bei der „Herzog und Kumpan Tour" in Emsbüren, die drei bis vier Stunden dauert, bekommt man detaillierte Einblicke ins Leben und Wirken der Emsländer. Und wenn Sie zuschauen möchten, wie die uralte Backtradition des Pumpernickels vor sich geht, dann planen Sie einen Besuch in Enkings Mühle ein. Hier kann man nach Voranmeldung beim Schwarzbrotfertigen zuschauen und anschließend im Café Kuchen essen, wobei die Pumpernickeltorte natürlich der Renner ist.

Sind Sie mit dem Rad unterwegs, stehen sechs überregionale Radwege zur Auswahl. Die Emsland-Route geht durch Emsbüren, die Dortmund-Ems-Kanal-Route ist nicht weit entfernt und vielleicht schippern Sie auch auf der Ems oder dem Kanal weiter durchs Ferienland. Paddeln, Floßfahren oder mit dem Ausflugsdampfer unterwegs sein, alles ist möglich. Am besten, man erkundigt sich vorab nach den Möglichkeiten und Abfahrtsorten, die natürlich von der Wasserstandshöhe abhängig sind.

Aktivitäten ganz anderer Art sind das Kart-Rennen oder Swin Golf, was auch Jüngere sehr anspricht. Auf 850 Meter Länge flitzen die Fahrzeuge über die Rennstrecke der Kartbahn Emsbüren, Leih- oder Privatfahrzeuge sind möglich. Geöffnet ist ganzjährig. 2006 eröffnete der Swin Golf Club Mehringer Heide etwas außerhalb der Stadt. Diese noch relativ neue Golfvariante ist leicht erlernbar und verbindet Spaß und Natur miteinander.

Von der Kultur konnten Sie viel erfahren und eine ganz wichtige kommt zum Schluss, die Esskultur. Pumpernickel-Speisen und Buchweizengerichte, nicht nur Pfannkuchen, sind regionale Spezialitäten, die Weitgereiste sicher bisher nicht kannten. Doch auch Gutes aus Fluss und Wald wird im Emsland lecker zubereitet aufgetischt. Der Harener Spargel ist fast ein Muss.

HAUS HOYER

Haus Hoyer
Kunst- & Kultur-Café

Dahlhok 20
48488 Emsbüren

Telefon 0 59 03 / 94 19 29
Telefax 0 59 03 / 94 19 30

Ruhetag: Montag

Ein großes Herz für die Bewahrung von Geschichte und Sinn für Kultur kann man den Stadtvätern von Emsbüren durchaus bescheinigen. Denn das Freilichtmuseum mit Heilkräutergarten, ein historischer Pfarrgarten und mehrere Bronzefiguren im Zentrum halten die Vergangenheit lebendig. Das Kunst- & Kultur-Café Haus Hoyer hat sich die Philosophie „Schönes bewahren" ebenfalls zu Eigen gemacht und ist selbst ein wahres Schmuckkästchen.

Ein bisschen erinnert das „Erlebniscafé" an Großmutters gute Stube, vermischt mit dem Duft von frischem Kuchen oder herzhaften Kleinigkeiten. Aggi Brink und ihr Mann Martin haben das denkmalgeschützte Haus vor einigen Jahren so wunderbar restauriert, dass es wieder im einstigen Glanz erblüht. Wie schon zur Erbauung 1881 ist es wieder zum Geschäftshaus geworden. Zunächst

nutzten Brinks die unteren Räume als Geschenkartikel-Lädchen, das viel gefragte Präsente, Wohnaccessoires und Kunstobjekte offerierte. Dann verwandelten sie es in ein ausgefallenes Café. Der erlesene Geschmack und das gute Händchen

EMSBÜREN

Gemeinsam mit dem Catering-Service „Kulinarische Küche" von Küchenchef Martin Laubrock kommen Kultur und Lukullisches direkt zum Kunden. Haus Hoyer ist inzwischen zum Geheimtipp für kleinere Familienfeiern mit ausgewählten exklusiven Speisen geworden. Von der einstigen Gaststätte sowie Öl- und Mehlkuchenhandlung des Erbauers Hermann Hübers und seines Schwiegersohnes August Hoyer, der eine Konfektions- und Manufakturenhandlung betrieb, ist zwar nichts mehr zu sehen, aber das Kunst- und Kultur-Café Haus Hoyer ist ein Vorzeigeobjekt wie zu Gründerzeiten.

Besonderheiten aufzuspüren sind deutlich spürbar. Vitrinen und Büfetts aus alten Zeiten, ein Küchenherd, der gleichzeitig für wohlige Stubenwärme sorgte, oder Haushaltsutensilien – wohin man blickt sind schöne Sammelstücke ausgestellt. Dazwischen sind neuere Wohnaccessoires und hübsche Mitbringsel drapiert, teilweise käuflich.

Reich gefüllt ist auch die Kuchentheke, die nur Hausgemachtes beherbergt. Die Ostfriesentorte mit Streuseln, Zwetschenmus und Sahne ist eine Sünde wert und der Aprikosen-Schmantkuchen ebenso (siehe Abbildung). Die köstlichen Trüffel sind ein beliebtes Geschenk. Herzhafte Kleinigkeiten für den Hunger zwischendurch und leckere Frühstücksangebote sind immer vorhanden. Edle Liköre und Weine, Sekte und Brände runden die Kaffeestunde ab.

Kunst und Kultur sind bei Brinks regelmäßig zu Gast. Nicht nur Gourmet-Veranstaltungen mit italienischen, französischen oder thematisch wechselnden Büfetts, inklusive Künstlerdarbietungen, sind hier üblich. Ausstellungen und auch der Verkauf von Malerei, Skulpturen, Bronzen und Kunstobjekten sind über das ganze Jahr verteilt. Klavierabende, Lesungen oder Sketche, präsentiert wird ein buntes Programm mit Qualität. Manchmal geht das engagierte Ehepaar auch den umgekehrten Weg.

EMSFLOWER ERLEBNISPARK

dischen Denekamp über Emsbüren bis nach Brandenburg und sogar Tansania fortgepflanzt haben. Das Unternehmen gehört zu den europäischen Marktführern und beliefert in erster Linie Großkunden von Finnland bis Portugal.

Der Emsbürener Betrieb ist in seiner Kombination aus Produktion und Erlebniswelt der größte Europas. Gleichzeitig ist er eine Liebhaberei für den rührigen Firmenchef und seine Familie. Besucher empfinden die prachtvolle Anlage als Geschenk, das Information, Augenweide und Erlebnis in einem ist. Zudem ist der Park für Familien wunderbar geeignet, denn die Kleinen können sich aktiv betätigen, gleichzeitig die Natur hautnah erleben. Selbst Erwachsene können noch vieles dazulernen, wenn sie an einer Führung durch die Grünoase teilnehmen oder die Schautafeln lesen. Für Gartenfreunde ist dies fast ein Muss, denn natürlich gibt es auch den ein oder anderen Tipp, wie man die „Eigenzüchtung" noch verbessern kann.

Sicher ist Ihnen nicht bekannt, dass neuerdings Orangen und Zitronen im Emsland blühen. Oder haben Sie hier schon einmal unter 100-jährigen Oliven geträumt, mitten in der Toskana zu sein? Kein Problem mehr, denn sobald der Kakteen- und Tropengarten bewundert und ohne Stachelerlebnisse durchschritten ist, erwarten diese südländischen Prachtstücke ihre Besucher.

Eines der jüngsten Kinder des Emslandes ist in wenigen Monaten zur großen Attraktion geworden: Die Emsflower Erlebniswelt.

Schon ein Jahr nach der Vision, ein ganz neuartiges Konzept aus Pflanzen- und Blumenschau, Kinderspielplatz, Gastronomie, Bühnen-Veranstaltungen und „Grün-Produktion" zu schaffen, wurde diese Wirklichkeit. Im Frühjahr 2006 wurde Eröffnung gefeiert.

Die günstige Lage, direkt am Schüttorfer Kreuz, wo sich A 30 und A 31 treffen, Abfahrt Emsbüren (Nr. 26 der A 31), erleichtert das Anfahren.

Ein Leben ohne Pflanzen könnte sich Benni Kuipers sicher nicht vorstellen. Sein Gärtnereigroßbetrieb Emsflower besteht aus mehreren Ablegern, die sich vom niederlän-

Emsflower Erlebniswelt
KBL Gastronomie GmbH

Carl-von-Linné-Straße 1
48488 Emsbüren

Telefon 0 59 03 / 93 57 54
Telefax 0 59 03 / 93 57 55

Im Tropengarten mit seiner verblüffenden Vegetationsvielfalt kann man an Tümpeln und Teichen ausspannen oder dem Rauschen des Wasserfalles lauschen. Und wenn jemand seine Kiemen öffnet und dabei glupscht, könnte dies einer der Koi-Karpfen sein. Ein Stückchen weiter zwitschert die

bunte Vogelwelt und einige Papageien geben ungefragt ihre Kommentare ab.

Der Wechsel zwischen überdachten „Schauobjekten" und herrlichen Blumenbeeten, Sträuchern, Bäumen und Rasenflächen macht einen Besuch bei jedem Wetter angenehm. Mehrere Spielmöglichkeiten, die sich optisch gut in das Gesamtbild einfügen, geben den Kleinen viel Bewegungsraum und Ablenkung. So können auch die Jüngsten für einen späteren Informationsgang durch die Produktion bei Laune gehalten werden.

Ist der Kopf gefüllt mit all den wunderschönen Blüten, Blättern und Düften, meldet sich irgendwann eine Stimme, die nach einem Sitzplatz und Speisen verlangt. Zwei Restaurants mit jeweils rund 130 Plätzen sind darauf eingerichtet. Sie bieten vom Schnittchen bis zur warmen Mahlzeit viele Varianten in verschiedenen Preislagen an. Es gibt diverse Mittagsmenüs und eine Salatbar. Suppen und Pasta können gekostet werden und natürlich auch fruchtige Eisbecher. Selbst das Frühstück kann man hier täglich einnehmen oder sich mit Freunden zum Brunch treffen.

Wunderbar ist es im 500 Quadratmeter großen mediterranen Wintergarten, in dem auch die Olivenbäume gedeihen. Hier gibt es leckeren Kuchen, kleine Speisen und natürlich diverse Kaffee- und Teespezialitäten.

Ab und an kann man hier auch einem Pianisten lauschen, der den Flügel zum Klingen bringt. Von hier aus und von den Innenhofterrassen fällt der Blick auf die Veranstaltungsbühne. Dort werden regelmäßig Musikabende, Konzerte, Tanzdarbietungen und weitere Shows für Unterhaltung sorgen. Beim frisch gezapften Bier oder einem interessanten Cocktail wird das Schauen noch schöner.

Besonders kinder- und familienfreundlich ist das so genannte 4-P-Restaurant. Der Name steht für Pizza, Pasta, Pommes und Pfannkuchen. Ein schneller Imbiss oder Snack ist hier also immer möglich und entspricht ganz sicher den Wünschen des Nachwuchses. Frisch gestärkt und ausgeruht kann es anschließend weitergehen, denn es gibt noch jede Menge zu sehen. Die Kombination aus Erlebniswelt und Produktion macht „Emsflower" so interessant. Vom Tropengarten aus gelangt man über eine 270 Meter lange und 2,50 Meter hohe Brücke in den Logistik- und Produktionsbereich. Hier kann man die innovativen Technologien kennen lernen und den Mitarbeitern mit dem grünen Daumen über die Schulter schauen. Im Aufzucht- und Schnittblumenhaus sind die einzelnen Wachstumsphasen gut nachvollziehbar. Gern lassen sich die Gärtnerinnen und Gärtner befragen. Wer ausführliche Informationen möchte, nimmt am besten an einer eineinhalb-

stündigen Gruppen-Besichtigungstour teil, die von
geschulten Gästeführern des VVV Emsbüren durchgeführt wird.

Egal, ob man sich nur Teilbereiche angeschaut oder
in alle Bereiche hineingeschnuppert hat, am Schluss
kann man sich noch ein paar „Erinnerungsstücke"
mitbringen, die garantiert Abnehmer finden. Denn
im Direktvermarktungsbereich sind je nach Saison
Primeln, Geranien, Fuchsien oder Chrysanthemen
und Tomaten, Gurken, Paprika oder Auberginen
erhältlich. Gut verpackt kann man sie mit auf die
Reise nehmen. Außerdem stellen kreative Floris-
tinnen und Floristen Gestecke und Sträuße nach
Wahl zusammen.

Ein Tag bei „Emsflower" verfliegt im Nu. Nicht nur
der ständig wieder wechselnden Bepflanzung sondern des Gesamteindruckes wegen kann man dieses
Ziel immer wieder ansteuern. Hier werden Blüten-
träume wirklich wahr.

EIN STREIFZUG DURCHS VECHTETAL UND DIE GRAFSCHAFT BENTHEIM

Burg Bentheim

Fürsten und Grafen hatten einst das Sagen in der Grafschaft Bentheim, doch das ist Geschichte. Eine Sonderstellung hat sie dennoch. Eingebettet zwischen dem Münsterland, Emsland und den Niederlanden hat die Grafschaft sich ihre eigene Identität bewahrt und geizt weder mit historischen Stätten noch mit kulinarischen Entdeckungen. Eines ist sicher, als zentraler Standort für verschiedenste Ferienrouten ist die Grafschaft ideal.

Die Vechte schlängelt sich durch Moorlandschaften, Wiesen und Wälder und begleitet uns von Schüttorf, der ältesten Grafschafter Stadt, bis zum südlich gelegenen Ringe. Idyllische Auen durchstreifen wir und wundervolle denkmalgeschützte Bauten verraten, dass die fürstlichen Herrscher in Schüttorf über genügend Wohlstand verfügten. Das regionaltypische Rathaus aus Sandsteinquadern mit spitzem Staffelgiebel und die Bürgerhäuser und stillen Winkel sind reizvolle „Zeitzeugen".

Das Naherholungsgebiet mit dem schönen Quendorfer See gehört zwar nicht zu den historischen Errungenschaften, ist aber für Spaziergänger und Wasserratten ideal. Alte knorrige Bäume hingegen sind im Bentheimer Wald zu entdecken, der gern erwandert wird und über einen guten Wildbestand verfügt. So ist es nicht verwunderlich, dass Jäger in dieser Gegend gern unterwegs sind. Auch die Besitzer des Restaurants Nikisch gehen gern selbst auf die Jagd und bereiten das Wildbret auch vorzüglich zu. Wie wäre es beispielsweise mit delikatem Rothirsch- und Wildschweinbraten?

Das Bentheimer Schwein, welches wir Ihnen schon ausführlich vorstellten, ist typisch für die Gegend, heute allerdings selten geworden. Auf den Speisekarten steht das hervorragende Fleisch nicht allzu oft. Es wird unter anderem auch zu köstlichem Schinken verarbeitet, im Traditionsunternehmen Klümper. Den westfälischen Schinkenspezialitäten begegnet man vor allem bei Betrieben, die landestypische Speisen bieten.

Mit seinen malerischen Gassen und dem Sandsteinpflaster ist Bad Bentheim ein guter Ausflugsort, nicht nur für Kurgäste. Schöne Ausblicke verspricht die auf einem Sandsteinfelsen erbaute Burg. Begeben wir uns wieder zum Flusslauf und folgen ihm nach Nordhorn. Mal sehen, was hier los ist. Volltreffer! Die Sonne scheint und der Vechtesee lockt. Hoffentlich ist die Badekleidung im Gepäck. Rudern, segeln, Tretboot fahren, surfen oder ein bisschen baden und faulenzen ... Wetterunabhängig ist das Vergnügen im Tierpark Nordhorn oder im Textilmuseum. Soll es wieder mehr ins Ländliche gehen, steuern wir Neuenhaus an. Wiesen, Felder und große Gehöfte mit Bauerngärten liegen am Wegesrand und gepflegte Patrizierhäuser empfangen uns. Vielleicht sind Sie ja auf dem Fietse (Rad) unterwegs, kommen auf der Vechte-Route oder der Kunstwegen-Route, dann ist ein Stopp in Neuenhaus wichtig. Denn der Kunstverein Grafschaft Bentheim präsentiert hier regelmäßig Kunstwerke und das Heimatmuseum gibt interessante Einblicke in die Vergangenheit. Einen engen Bezug zur Kunst spürt man auch im Restaurant Augenblick.

Ein seltener Brauch wird in Neuenhaus-Veldhausen gepflegt, das Middewinterhornblasen. Vom ersten Advent bis zum Dreikönigstag kommen etwa 30 deutsche und niederländische Bläsergruppen mit ihren hölzernen Instrumenten. Sie vertreiben der Sage nach böse Geister und sorgen für eine reiche Ernte. Richtung Emlichheim streifen wir das Örtchen Ringe, mitten im Veengebiet. Im Moormuseum kann die Torfarbeit „erlebt" werden und gleich nebenan wartet das Restaurant Landhaus Buddenberg.

Insgesamt 60 Kunstwerke kann man auf der „kunstwegen" sehen und weiterfahren bis zum niederländischen Zwolle. Die Skulpturen, mitten in der Natur, eröffnen neue Betrachtungsweisen und nehmen Skeptikern die Schwellenangst. Auf jeden Fall bieten sie Gesprächsstoff, beispielsweise beim vorzüglichen Essen in Ringe und Neuenhaus, wo die junge frische Küche mit viel Raffinesse vorherrscht.

Nordhorn

Tierpark Nordhorn

Schüttdorf

ALTES LANDHAUS BUDDENBERG

tigen Hofes, der die typische Landschaft prägt. So ausgefallen wie die Räumlichkeiten des Restaurants, Cafés und Hotels ist auch das Speisen. Küchenmeister Hartmut Beerlink und sein Team machen dem denkmalgeschützten Haus alle Ehre.

Der landwirtschaftliche Betrieb, der vor über 200 Jahren entstand, beherbergte einst die Poststelle, einen Kolonialwarenladen sowie eine Gastwirtschaft. Mehrere Investoren mit gutem Gespür ließen den Hof 1997 schonend renovieren und 2001 übernahm der junge und bestens ausgebildete Hartmut Beerlink die Leitung des heutigen Schmuckstückes. Unterstützt wird er von einem guten Team und, soweit es Töchterchen Anna zulässt, von seiner Frau Jurina.

Dicke Eichenbalken, ein wärmender Kamin und die Landhausmöbel sorgen für Gemütlichkeit. Ein Herd und weitere Utensilien aus Omas Zeiten sowie moderne Dekorationsartikel, die immer wieder wechseln, ziehen die Augen auf sich.

Im „Stübchen" oder auf der „Diele" werden Feiern für 20 bis 60 Personen zum Vergnügen und das Restaurant auf zwei Ebenen bietet Platz für viele Feinschmecker. Im Biergarten lassen sich gern Aktivurlauber nieder, denn mehrere Radrouten, auch in die Niederlande, führen unmittelbar am Haus vorbei.

Nach seiner Ausbildung zum Küchenmeister und Hotelfachmann war Hartmut Beerlink acht Jahre im Offizierskasino tätig und bildete sich stets weiter. Die hohen Quali-

Altes Landhaus Buddenberg

Emlichheimer Straße 63
49824 Ringe

Telefon 0 59 43 / 98 39 0
Telefax 0 59 43 / 98 39 12

Ruhetag: Dienstag

Moore mit ihren Weiten und Nebelschwaden sind der richtige Stoff für gruselige Geschichten. Doch sie sind immer wieder faszinierend und mitten in der Grafschafter Veenlandschaft liegt das Örtchen Ringe mit seinem Moormuseum und dem wunderbaren Altes Landhaus Buddenberg. Stolz reihen sich die Gebäude aneinander und vermitteln noch das Flair eines mäch-

Rehbrühe mit gefüllten Morcheln und Blätterteighaube

Zutaten (Für 6 Personen)

4 l Wasser
1,5 kg Rehknochen
(mit etwas Fleisch daran)
100 g Zwiebeln mit Schale
je 70 g Karotten, Sellerie und Lauch
1 Lorbeerblatt (möglichst ein frisches)
Wacholderbeeren, Pfefferkörner, Thymian
6 Platten Blätterteig
(15 mal 15 cm)
12 Spitzmorcheln
(auch getrocknet erhältlich)
1 Ei
50 g sauberes Rehfleisch
für die Füllung
20 ml Sahne
6 Weckgläser

Zubereitung

Das gekühlte Rehfleisch, Eigelb, Salz und Thymian in der Küchenmaschine mixen. In einen Spritzbeutel füllen und die gut gewaschenen Morcheln damit füllen.
Rehknochen abwaschen, mit kaltem Wasser aufsetzen, kochen. Den Schaum abschöpfen. Jetzt Hitze reduzieren. Zwiebeln halbieren, ohne Fett dunkel braten und zur Suppe geben. Nach etwa $1/2$ Stunde das Suppengemüse und die Gewürze zugeben. Eine weitere $1/2$ Stunde ziehen lassen. Suppe durch ein feines Tuch geben, abkühlen lassen. Die Weckgläser mit entsprechend großen Blätterteigkreisen füllen, die Brühe und die gefüllten Morcheln hineingeben. Im Backofen hellbraun werden lassen. Im Weckglas servieren. Zu diesem Gericht passt besonders gut frisches Walnussbrot.

tätsanforderungen der „Bundeswehrschule" legt er auch im „Buddenberg" zugrunde, bringt dabei die eigene Kreativität ein. Seine gehobene Küche, zu vernünftigen Preisen, ist bekannt und beliebt. Vor allem delikate Fischgerichte und würzige Steaks sind seine Leidenschaft. Doch auch interessante vegetarische Kompositionen gefallen. Ausgefallenes wie süß-scharfe Currysuppe mit Kokosgarnelen oder Rehbrühe mit gefüllten Morcheln lassen aufhorchen.

Doch auch einfachere Gerichte mit Pfiff werden geboten. Etwa alle sechs Wochen ist etwas „Neues" auf der Karte.
Ob zum Kaffeeklatsch mit hausgebackenem Kuchen oder beim sonntäglichen Brunch, die tolle Atmosphäre macht den Unterschied – und wer schon hier ist, kann nach Absprache auch gleich das Museum besuchen. Die Moorgeschichten lassen sich anschließend gut weiterspinnen in einem der großzügigen und liebevoll ausgestatteten Landhauszimmer, die Urlaub pur bieten.

RESTAURANT AUGENBLICK

Uhrmacherei und Fahrradgeschäft diente und durch das 2001 eröffnete Restaurant neuen Aufschwung bekam.

Das zweistöckige Restaurant erinnert ein wenig an eine Diele, die mit schlichtem, formschönem Mobiliar herausgeputzt wurde. Der Bezug zur Kunst ist gut sichtbar, denn regelmäßig finden Ausstellungen bekannter sowie regionaler Künstler im augenblick statt. Auch musikalische oder literarische Abende, verbunden mit kreativen Menüs locken regelmäßig Gäste an. Einige nehmen dafür auch weite Wege in Kauf, denn die tolle Mischung macht den sehenswerten Unterschied.

Vor allem die leichte Küche ist das Metier von Heinz Keuper und seiner Frau

Restaurant augenblick

Hauptstraße 66
49828 Neuenhaus

Telefon 0 59 41 / 98 82 66
Telefax 0 59 41 / 98 82 68

Ein typisches Grafschafter Örtchen ist Neuenhaus mit seinen gepflegten Häusern und dem hübschen Ortskern. Mitten im Zentrum treffen sich Freunde der guten Küche und Kultur gern im Restaurant & Café augenblick. Annemarie und Heinz Keuper haben hier ein außergewöhnliches Ambiente geschaffen und sind persönlich für die Gäste da.

Etwa 200 Jahre alt ist das gastliche Haus, welches schon als Landmaschinenwerkstatt,

Tartelettes mit Wirsing und Ziegenkäse

Zutaten

Mürbteig aus:
200 g Mehl
100 g Butter
75 ml Wasser
1 Prise Salz
1 kl. Wirsing, 1 Zwiebel, 2 Karotten
etwas Knoblauch, zerdrückt
etwas Olivenöl
je 1 TL gemahlener Koriander,
Kreuzkümmel
ca. 100 g Ziegenhartkäse, gerieben
ca. 300 g Schmant
4 Eier
Salz und Pfeffer

Zubereitung

Mürbteig ausrollen und Tartelettes-, Muffin-Formen oder eine Quiche-Form damit belegen, dann kalt stellen. Den Backofen auf etwa 200 °C vorheizen. Karotten und Zwiebeln würfeln, beides in einer Pfanne in dem Olivenöl dünsten. Den Wirsing in feine Streifen schneiden und ebenfalls in die Pfanne geben. Karotten und Zwiebeln etwa 15, Wirsing zirka 10 Minuten dünsten. Den Knoblauch und die Gewürze zufügen, dabei kräftig mit Salz und Pfeffer abschmecken. Die Mischung abkühlen lassen.

Schmant, Eier und etwa $2/3$ des geriebenen Ziegenkäses mit einem Stabmixer verquirlen und ebenfalls kräftig mit Salz und Pfeffer (und evtl. etwas Muskat) würzen.

Die abgekühlte Gemüsemischung auf dem kalten Mürbteig verteilen und mit der Schmant-Eier-Käse-Masse bis etwa 1 cm unter dem Rand auffüllen. Den restlichen Käse auf den Tartelettes verteilen und in rund 25 Minuten im Ofen backen bis die Füllung schön bräunt.

Vor dem Servieren mindestens 10 Minuten stehen lassen.

Annemarie, ein feiner Cross-Over-Touch ist bei den Speisen erkennbar. Für Salatfans ist das Restaurant ein Muss, denn diese sind je nach Saison immer wieder anders und munter kombiniert. Frische Kräuter sind eine Selbstverständlichkeit und ob Rucola, Spargel, Frisee oder Bambussprossen mit fleischigen oder fischigen Zutaten, es schmeckt einfach gut. Ein weiterer Schwerpunkt ist der Flammkuchen. Diese hauchdünnen, köstlich belegten Leckereien sind in rund 15 Variationen erhältlich und heiß begehrt.

Die Speisekarte wechselt saisonal und die kleine aber überzeugende Weinkarte bietet zu jeder Jahreszeit das passende Tröpfchen. Menüs werden vorwiegend für Feiern oder Seminare gefertigt, für Gesellschaften sind sie jederzeit möglich.

Immer schnell ausgebucht sind die Themenabende, wie der italienische (ohne Pizza und Pasta) oder asiatische. Auch kanadische oder andere ausgefallene Speisen kommen auf den Tisch, abgerundet durch Geschichten oder Bilder zum Land. Am besten man informiert sich früh genug.

Ein Besuch im augenblick lohnt sich also immer wieder und bei schönem Wetter kann man gemütlich und ruhig im Freien sitzen. Etwas Besonderes aber ist, dass das Ehepaar Keuper sehr individuell auf die Gäste eingeht, durchaus auch einmal den Ruhetag für eine Gruppe öffnet und kulinarisch variabel ist.

Immer offen zu sein für Neues liegt den beiden offensichtlich im Blut, denn nach einer fundierten Ausbildung in der Gastronomie und mehreren Jahren im Entwicklungsdienst ist Flexibilität für sie kein Fremdwort. Angekommen in Neuenhaus haben beide eine Aufgabe gefunden, die weiterhin fordert und Kreativität sowie Einfühlungsvermögen bedeutet.

TRIO CULINARIA:
3 KÖCHE, 2 REGIONEN, 1 LEIDENSCHAFT

Die Instrumente sind gestimmt, das Publikum hat Platz genommen – Zeit, das harmonische Zusammenspiel zu beginnen. Angekündigt sind neue Kompositionen alter Meister, dargeboten von professionellen Interpreten. Erwartungsfroh und offen für Experimentelles werden die Künstler empfangen. Das Trio Kulinaria betritt die Bühne. Die Parallelen zur Musik sind unübersehbar, denn das Ensemble fein abgestimmter Speisen entscheidet über den Genuss. Pathetisch sieht das Trio, das zumeist als Quartett auftritt, seine Kunst nicht, eher von der praktischen Seite. Heinz Keuper (Restaurant Augenblick) ist zwar ein Kulturfreund, der gern Künstler in sein Haus lädt, aber vorrangig ein begeisterter Koch. Die guten Kontakte zu den befreundeten Kollegen Hartmut Beerlink (Altes Landhaus Buddenberg) und Helmut Backers (Gasthof Backers) veranlassten ihn, gemeinsame Gourmet-Veranstaltungen anzuregen. Experimentierfreudig sind alle drei und so entstand das Trio Kulinaria, mit zwei Grafschafter Köchen und einem aus dem Emsland. Gekocht wird abwechselnd in Neuenhaus, Ringe und Twist. Hendrik Willenbrock (Willenbrock Handel für Weine und Delikatessen) trifft die Getränkewahl, fein abgestimmt vom Hors d'oeuvre bis zum Dessert.

Der Spaß am gemeinsamen Wirken steht bei den Events im Vordergrund, wie unsere Fotos zeigen. Gemeinsam wird jeweils ein sechsgängiges Menü, bei dem bis auf den Hauptgang jeder für einen „Schritt" zuständig ist, gekocht. „Unsere Treffen bereichern und die tolle Zusammenarbeit macht Freude. Der eigene Horizont wird so erweitert," sagt Heinz Keuper. Vorteilhaft findet Helmut Backers, dass die moderne regionale Küche gemeinsam vorgestellt wird und „wir den ungewöhnlichen Weg gehen gemeinsam zu arbeiten". Große Vorteile für die Besucher sieht Hartmut Beerlink, wenn er betont: „Wir haben den gleichen Gästekreis und wissen, dass jeder gern einmal das Restaurant wechselt. Durch die Kooperation können sich die Gäste von der gleich guten Qualität überzeugen, merken wo es schmeckt".

„Das Miteinander bereitet Freude und für mich ist jede Veranstaltung eine Herausforderung," bekennt Hendrik Willenbrock. Er sucht zu jedem Gang den korrespondierenden Wein sowie die Spirituosen aus. Zwischen den Gängen kommentiert er, warum dieser oder jener Tropfen gut dazu mundet. Gern nimmt er auch Anregungen der Feinschmecker auf.

Einziger Nachteil der kulinarischen Höhepunkte: Sie sind schnell ausgebucht.

KLÜMPER SCHINKEN-MANUFAKTUR

H. Klümper GmbH & Co KG
Schinkenräucherei
und Fleischwarenfabrik

Ratsherr-Schlikker-Straße 63
48465 Schüttorf

Telefon 0 59 23 / 80 60
Telefax 0 59 23 / 8 06 30

Rauchige Katen, in denen fein säuberlich aufgehängt kraftige Schinken von der Decke hängen, zum Anbeißen nahe... So muss es in den Anfangszeiten der Klümper Schinken-Manufaktur ausgesehen haben. Das ist lange her, denn die Firmengründung in der Grafschaft Bentheim, im Örtchen Schüttorf war 1821. Seit diesem Zeitpunkt werden nur qualitativ hochwertige Stücke in dem Familienbetrieb veredelt. Handwerkliche Kunst und Innovation geben bei der Klümper Schinkenräucherei und Fleischwarenfabrik den Ton an. Längst ist das Unternehmen zu den führenden Rohschinken-Herstellern im Inland avanciert und hat sich im Ausland – unter anderem in den USA – einen guten Namen gemacht. In dem modernen Werk mit 130 Mitarbei-

tern liegt die Kernkompetenz weiterhin beim Rohschinken, verschiedene Wurstwaren erweitern das Sortiment. Unter der eingetragenen Schutzmarke „Echter Westfäler Klümper Schinken" ist der „Rohe" als Delikatesse aus keiner guten Küche mehr wegzudenken. Andrea Moggert-Kemper und H.-Eckhard Klümper tragen die Verantwortung dafür, dass dies so bleibt. Sie verstehen sich als „Familienunternehmen mit Herz", mit hohem Qualitätsbewusstsein. Damit führen sie die Linie ihrer Väter Manfred Moggert-Kemper und Heinrich Klümper fort, deren Rat und Tat weiterhin gefragt ist. Wer Klümper Schinken nicht kennt, wird ihn nach dem Probieren bestimmt nicht wieder vergessen. Er zergeht auf der Zunge und hat einen unverwechselbaren Geschmack, der

durch das aufwändige Verfahren entsteht. Der westfälische Knochenschinken, Aushängeschild des Hauses, reift vier bis sechs Monate in speziellen Klimakammern, die „Bunten Bentheimer" sogar 12 Monate. Die Erhaltungszucht des Bentheimer Schweins, das inzwischen nicht nur in der gleichnamigen Grafschaft wieder angesiedelt ist, sorgt für den Nachschub des „Bunten Bentheimer Schinken". Der ausgesprochen intensive Geschmack dieser Spezialität ist bei Hausfrauen und Gourmets zum Geheimtipp geworden. Grafschafter Kern-, Land- und Jägerschinken sind wei-

tere Leckereien. Selbst Kalorienbewusste werden fündig, mit dem fettreduzierten „Kalofit"-Schmaus. Ein weiteres Edelprodukt ist der „Friedensreiter-Schinken", der gemeinsam mit weiteren Schlemmereien, wie Brot, Bier oder Schmalz unter dem gleichen Label als Präsentpackung erhältlich ist. Eine gute Idee ist die 2005 eingeführte Siegelmarke der Schutzgemeinschaft westfälischer Schinken- und Wurstspezialitäten, welche die Qualitätswaren in allen Vertriebsbetrieben erkennbar macht.

Trotz neuester Technik sind bei Klümper weiterhin handwerkliches Können und Fachwissen gefragt, das schon beim Fleischeinkauf beginnt und durch alle Produktionsschritte führt. Die Rezepturen bauen auf überlieferten Kenntnissen auf und werden stets verfeinert. Nur die besten Stücke vom Schwein kommen über die Schwelle und werden in mehreren Arbeitsgängen trocken gesalzen, anschließend luftgetrocknet sowie in verschiedenen Geschmacksrichtungen geräuchert. Hochmoderne Klima- und Rauchkammern übernehmen den letzten Schliff.

Beim Rundgang durch die Schinken-Manufaktur regt das herrliche Aroma sämtliche Geruchs- und Geschmacksnerven an. Am liebsten möchte man gleich zugreifen. Das ist dienstags und freitags beim Werksverkauf möglich. Ansonsten sind der Fachhandel und die Gastronomie die richtigen Ansprechpartner. Und dort heißt es beim Probieren bestimmt „Ah, ein leckerer Klümper-Schinken".

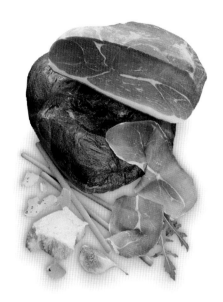

HOTEL RESTAURANT NICKISCH

wirken, hier ergibt sich die Kommunikation fast von selbst.

Hier treffen regelmäßig Künstler, Topmanager oder Handwerker aufeinander und jeder fühlt sich gleichermaßen willkommen. Eine nachahmenswerte Idee sind kleine Schinken- und Wursthäppchen, die kostenlos zum „Entspannungsgetränk" gereicht werden. Das aufmerksame und freundliche Serviceteam sorgt für eine entspannte Atmosphäre und lässt keine Wünsche offen. Gut vorbereitet und mit modernster Technik ausgestattet (wie wireless lan) ist man auf Tagungen und Seminare. Feierlichkeiten bleiben durch das stilvolle Ambiente und die ausgezeichnete Küche unvergessen. Kreative bodenständige Speisen, mit einem Schuss „Cross over", sind das Geheimnis des Hotelfachmanns und Maitre Erhard Nickisch, der von seiner Frau Gerda sowie den Söhnen Eric und Elmar unterstützt wird. Fast ausnahmslos heimische Zutaten kommen in den Topf. Wer in der Karte liest „Eintopf vom Swatbunten" wird als Fremder erst einmal kräftig stutzen. Doch spätestens beim Lesen der Fleischgerichte wird alles klarer: Gemeint ist das schwarz bunte Bentheimer Schwein, welches nur in dieser Region beheimatet ist und das man unbedingt probieren sollte, ebenso wie die vorzüglichen Wildgerichte. Wie wäre es beispielsweise mit Carpaccio vom Rothirsch und Wildschweinbraten mit Machandel-

Inmitten der ländlichen Umgebung hebt sich das Hotel Restaurant Nickisch mit seiner geradlinigen Architektur und viel Glas deutlich von anderen Gebäuden ab. Der außergewöhnliche Rahmen setzt sich im Innern fort. Komfort und Behaglichkeit dominieren das Vier-Sterne-Hotel sowie das vorzügliche Restaurant. Unweit der Autobahn und dennoch ruhig gelegen ist es immer eine Empfehlung wert.

Besucher der Grafschaft Bentheim, die sich ihre Ursprünglichkeit bewahrt hat und ein lohnenswertes Ziel für private wie geschäftliche Besucher ist, werden die gewünschte Erholung bei Nickisch finden. Warme Töne und viel Holz bringen zu jeder Jahreszeit wohlige Wärme in das elegante Restaurant mit rund 80 Plätzen, das mit fein abgestimmten Dekorationen und Pflanzen zum Bleiben verleitet. Etwas rustikaler ist die kleinere „Bierstube". Ob an der Theke aus dunklem Holz oder in den kuscheligen Ecken, die wie eine Bibliothek alten Stils

Hotel Restaurant Nickisch

Nordhorner Straße 71/73
48465 Schüttorf

Telefon 0 59 23 / 9 66 00
Telefax 0 59 23 / 96 60 66

Rothirschroulade auf Sauerrahm-Zwetschgensoße

Zutaten

4 Tranchen à 150 g Rothirsch
(aus der Keule)
100 g durchwachsener Speck
4 TL Senf
1 TL gemahlenes Wildgewürz
80 g gehackte Zwiebeln
60 g gehackte Champignons
1 EL gehackte Petersilie
2 EL Sauerrahm
8 Dörrpflaumen
200 g Röstgemüse (Sellerie, Möhre,
Zwiebel)
je $^1/_4$ l trockener Burgunder und Brühe
1 kleiner oder $^1/_2$ großer Rotkohl
2 EL Schmalz
1 Boskop Apfel
Essig, Salz, Pfeffer, Zucker, Lorbeer,
Nelke, Wacholder

Zubereitung

Die Rothirsch-Tranchen würzen, mit
Senf bestreichen, den gewürfelten
Speck auslassen. Die übrigen Zutaten
kurz mit schmoren. Abkühlen lassen,
die Tranchen damit füllen. Mit Schmalz
anbraten. Röstgemüse, Rotwein und
Brühe zugeben, garen. Soße passieren,
abschmecken, Sauerrahm unterheben.
Dazu Rotkohl reichen, der mit den
genannten Zutaten zubereitet wurde.
Besonders gut munden dazu ge-
schmälzte Kartoffelklöße.

Waldpilzrahmsauce oder Rothirschroulade?
Auch beim Wild überlässt die Familie nichts
dem Zufall. Im angrenzenden fürstlichen
Reliktwald pflegt das Ehepaar Nickisch
die waidmännische Tradition und der Chef
betont: „Meistens sorgt meine Frau für die
Jagd und ich mache das Beste draus."
Dazu werden Weine aus allen deutschen
Anbaugebieten angeboten. Eine langjäh-
rige enge Verbundenheit besteht mit den
Weingütern Veddeler (Pfalz), Blankenhorn
(Baden) und Wegeler (Rheingau).
Selbstverständlich befinden sich auch euro-
päische und überseeische Spitzenweine auf
der ansprechenden Weinkarte.

KULINARISCHE EMPFEHLUNGEN

KULINARISCHE EMPFEHLUNGEN

KULINARISCHE EMPFEHLUNGEN

Hotel & Restaurant
Landgasthof Redeker
Laurentiusstraße 2
49740 Haselünne-Lehrte
Telefon 0 59 61 / 95 88 0
Telefax 0 59 61 / 65 71
info@Landgasthof-Redeker.de
www.Landgasthof-Redeker.de

Privatbrauerei A. Rolinck
GmbH & Co KG
Wettringer Straße 41
48565 Steinfurt
Telefon 0 25 51 / 6 41 23
Telefax 0 25 51 / 6 42 20
info@rolinck.de
www.rolinck.de

Hotel-Restaurant
Saller See
Am Saller See 3
49832 Freren / Emsland
Telefon 0 59 04 / 9 33 00
Telefax 0 59 04 / 9 33 02 22
info@hotel-saller-see.de
www.hotel-saller-see.de

Schiffchen im Textilmuseum
Uhlandstraße 50
46397 Bocholt
Telefon 0 28 71 / 75 08
Telefax 0 28 71 / 18 12 00
info@schiffchen.bocholt.de
www.schiffchen-bocholt.de

Sostmann Fleischwaren
Münsterstraße 26
49565 Bramsche
Telefon 0 54 61 / 99 55 0
Telefax 05 4 61 / 99 55 22
info@sostmann.de
www.sostmann.de

Stadtbäckerei Münster
Limberg GmbH
Schleebrüggenkamp 4
48159 Münster
Telefon 02 51 / 20 12 30
Telefax 02 51 / 2 01 23 25
info@stadtbaeckerei-muenster.de
www.stadtbaeckerei-muenster.de

Restaurant Sudmühlenhof
Dyckburgstraße 450
48157 Münster
Telefon 02 51 / 32 63 79
Telefax 02 51 / 32 63 61
info@sudmuehlenhof.de
www.Sudmuehlenhof.de

Textilmuseum Bocholt
Uhlandstraße 50
46397 Bocholt
Telefon 0 28 71 / 21 61 10
Telefax 0 28 71 / 21 61 133
textilmuseum@lwl.org
www.textilmuseum-bocholt.de

Tiemann's Hotel
Vor der Brücke 26
49448 Lemförde/Stemshorn
Telefon 0 54 43 / 99 90
Telefax 0 54 43 / 9 99 50
tiemanns.hotel@t-online.de
www.tiemanns.net

VERZEICHNIS DER REZEPTE

Eine kulinarische Entdeckungsreise
DURCH DEN CHIEMGAU

ISBN-13: 978-3-86528-333-7

Eine kulinarische Entdeckungsreise
SYLT

ISBN-13: 978-3-86528-343-6

Eine kulinarische Entdeckungsreise
ENTLANG DES RHEINS – VON KÖLN BIS BACHARACH

ISBN-13: 978-3-86528-341-2

Eine kulinarische Entdeckungsreise
DURCH MÜNSTERLAND UND OSNABRÜCKER LAND
MIT EMSLAND UND GRAFSCHAFT BENTHEIM

ISBN-13: 978-3-86528-338-2

KULINARISCHE
ENTDECKUNGSREISEN ...
... DURCH DIE SCHÖNSTEN URLAUBSREGIONEN

Eine kulinarische Entdeckungsreise
DURCH MÜNCHEN, OBERBAYERISCHE SEENLANDSCHAFT
UND DAS ALTMÜHLTAL

ISBN-13: 978-3-86528-340-5

Eine kulinarische Entdeckungsreise
DURCH KÄRNTEN – VOM LESACHTAL ZUM WÖRTHER SEE

ISBN-13: 978-3-86528-335-1

Eine kulinarische Entdeckungsreise
DURCH WESTFALEN

ISBN-13: 978-3-86528-348-1

Eine kulinarische Entdeckungsreise
DURCH DAS BERGISCHE UND OBERBERGISCHE LAND
MIT DEN REGIONEN ATTENDORN-OLPE UND WINDECKER LÄNDCHEN

ISBN-13: 978-3-86528-347-4

Eine kulinarische Entdeckungsreise
VON RÜGEN NACH USEDOM ZUM DARSS

ISBN-13: 978-3-86528-349-8

Eine kulinarische Entdeckungsreise
DURCH ZÜRICH UND UMGEBUNG

ISBN-13: 978-3-86528-346-7

Eine kulinarische Entdeckungsreise
DURCH WIENS INTERNATIONALE KÜCHE

ISBN-13: 978-3-86528-350-4

WILDKÜCHE
Pfalz, Kurpfalz, Odenwald

ISBN-13: 978-3-86528-345-0

IMPRESSUM

© 2006 Neuer Umschau Buchverlag GmbH, Neustadt an der Weinstraße

Alle Rechte der Verbreitung in deutscher Sprache, auch durch Film,
Funk, Fernsehen, fotomechanischer Wiedergabe, Tonträger jeder Art,
Auszugsweisen Nachdruck oder Einspeicherung und Rückgewinnung
in Datenverarbeitungsanlagen aller Art, sind vorbehalten

Gestaltung und Satz
Kassler Grafik-Design, Leipzig

Reproduktion
Lithotronic-Media, Frankfurt/Main

Autorin
Magdalena Ringeling, Frankenthal

Fotografie
André Chales de Beaulieu, Hannover
Eva Friedewald, Steinbach

Karte
Thorsten Trantow, Kenzingen
www.trantow-atelier.de

Herausgeberin
Katharina Többen, Neckargemünd

Lektorat
Monika Stumpf

Druck und Verarbeitung
Finidr, s.r.o., Cesky Tesin

Printed in Czech Republic
ISBN: 978-3-86528-338-2

Sofern nicht anders angegeben, sind die Rezepte für vier Personen
vorgesehen.

www.umschau-buchverlag.de

Titelfotografie:
Dümmer Moorschnuckenkrone mit Kräuterkruste auf Tomatenjus,
zubereitet vom Landgasthaus und Hotel Giesecke-Asshorn,
fotografiert von Eva Friedewald.

Fotografien von Eva Friedewald:
S. 10 oben, unten rechts, S. 12, S. 13 oben und links unten,
S. 55, S. 74f, S. 76 oben, S. 77, S. 82f, S. 84 links oben und
Mitte, S. 85, S. 96f, S. 114f, S. 132ff, S. 136 unten links, S. 150f,
S. 153, S. 156, S. 157, S. 162f, S. 180 oben, S. 181, S. 182f,
S. 184f, S. 195 oben.

Wir bedanken uns für die uns freundlicherweise zur Verfügung
gestellten Fotos bei:
Vollmer Kaffee (S. 6 unten, S. 39 unten, S. 192 oben),
Münsterland Tourismus (S. 10 Mitte, S. 14, S. 16f, S. 32 oben und
unten links, S. 36, S. 37, S. 56f, S. 64 oben, S. 73, S. 178),
Presseamt Stadt Münster (S. 27 oben), Gabriele Bender (S. 28f),
Stadt Bocholt, Ralf Göppert (S. 30f), Textilmuseum Bocholt (S. 33
oben links), Schiffchen im Textilmuseum (S. 34, S. 35 Mitte, oben
rechts, Mitte rechts), Nahrup`s Hof (S. 40 oben, S. 41), Privat-
brauerei A. Rolinck (S. 48 rechts, S. 50f), Dwersteg Destillerie
(S. 48, S. 52 links, S. 53), Klümper Schinken-Manufaktur (S. 49
oben, S. 187 rechts), Stadtbäckerei Münster (S.49 unten), Stadt
Emsdetten (S. 58, S. 59 oben), Naturzoo Rheine (S. 59 unten),
Rock`n`Pop-Museum Gronau: Frank Schürmann (S. 65 oben und
unten) und Claus Langer, www.clauslanger.de (S. 65 Mitte),
Tourismusverband Osnabrücker Land (S. 72, S. 90ff, S. 116,
S. 127), Hotel Restaurant Klute (S. 98 und S. 99 oben),
Radeberger Exportbierbrauerei (S. 102f), Bilder Bad Laer Touristik
GmbH (S. 104 oben, S. 105), Galnya Andrushko (S. 104 unten),
Westerwieder Bauernstube (S. 112 oben), Michaela Lorch (S. 117
rechts), Sostmann Fleischwaren (S. 121), Hotel Restaurant Zum
Heidekrug (S. 130), Emsland Touristik GmbH (S. 137 oben, S. 144,
S. 160, S. 161 oben rechts und unten) Golfpark Gut Düneburg
(S. 136 rechts unten, S. 137 links unten, S. 138ff, S. 161 oben
links), Landhaus Hubertus (S. 148), Gasthof Backers (S. 162
unten), Grafschaft Bentheim Tourismus e. V. (S. 179 Mitte und
unten), VVV-Stadtmarketing Nordhorn e. V. (S. 179 oben),
Landhaus Buddenberg (S. 180 unten).

Besonderer Dank für Ausflugtipps an Münsterland Touristik
Grünes Band e. V., Tourismusverband Osnabrücker Land e. V.,
Emsland Touristik GmbH, Fremdenverkehrsverband Grafschaft
Bentheim und für Informationen an Dehoga Niedersachsen e. V.,
Osnabrück und Hoga Westfalen e. V., Münster.